创新的真相
如何将创新商业化，促进经济增长

[美]尤金·菲茨杰拉德　[德]安德里亚斯·万克尔　[美]卡尔·施拉姆 ◎著
(Eugene Fitzgerald)　　(Andreas Wankerl)　　(Carl Schramm)

程志渊 ◎译

Inside Real Innovation
How the Right Approach Can Move Ideas from
R&D to Market—And Get the Economy Moving

中国出版集团
中译出版社

Inside Real Innovation: How the Right Approach Can Move Ideas from R&D to Market
— And Get the Economy Moving

Copyright © 2011 by World Scientific Publishing Co Pte Ltd

All rights reserved. This book, or parts thereof, may not be reproduced in any form or by any means, electronic or mechanical, including photocopying, recording or any information storage and retrieval system now known or to be invented, without written permission from the Publisher.

Simplified Chinese translation arranged with World Scientific Publishing Co Pte Ltd, Singapore.

Simplified Chinese translation copyright © 2025 by China Translation & Publishing House

ALL RIGHTS RESERVED

著作权合同登记号：图字 01-2024-4113 号

图书在版编目（CIP）数据

创新的真相：如何将创新商业化，促进经济增长 / (美) 尤金·菲茨杰拉德 (Eugene Fitzgerald), (德) 安德里亚斯·万克尔 (Andreas Wankerl), (美) 卡尔·施拉姆 (Carl Schramm) 著；程志渊译 . -- 北京：中译出版社，2025.1. -- ISBN 978-7-5001-8076-0

Ⅰ . F062.4

中国国家版本馆 CIP 数据核字第 20243KF864 号

创新的真相：如何将创新商业化，促进经济增长
CHUANGXIN DE ZHENXIANG: RUHE JIANG CHUANGXIN SHANGYEHUA, CUJIN JINGJI ZENGZHANG

著　　者：［美］尤金·菲茨杰拉德［德］安德里亚斯·万克尔［美］卡尔·施拉姆
译　　者：程志渊
策划编辑：于　宇
责任编辑：于　宇
文字编辑：李晟月
营销编辑：钟筱童

出版发行：中译出版社
地　　址：北京市西城区新街口外大街 28 号 102 号楼 4 层
电　　话：（010）68002494（编辑部）
邮　　编：100088
电子邮箱：book@ctph.com.cn
网　　址：http://www.ctph.com.cn

印　　刷：固安华明印业有限公司
经　　销：新华书店
规　　格：880 mm×1230 mm　1/32
印　　张：10.75
字　　数：180 千字
版　　次：2025 年 1 月第 1 版
印　　次：2025 年 1 月第 1 次印刷

ISBN 978-7-5001-8076-0　　　　定价：89.00 元

版权所有　侵权必究
中译出版社

专家推荐

本书系统分析了美国国家创新体系的内在机制、历史演变和兴衰起伏，并分析了进入 21 世纪之后美国国家创新体系面临的巨大挑战。作者指出，被美国和国际上广泛采纳的"科学发现—技术发明—产品市场"这一单向线性模型并没有反映出科技创新的真正内在机制；提出了新的创新机制："技术要素""市场要素"和"实施要素"三者持续交叉迭代，通过迭代逐步减少三者的不确定性，并最终收敛成为能够在市场上成功商业化的创新最终方案。本书作者从多个维度出发，理论阐述与实践案例相结合，历史分析与未来方案相结合，科学技术与市场商业相结合，成功模式与失败教训相结合，提出了发人深省的全新理念和未来发展方向，对我国的科研人员、创业者、政府部门、企业和投资者都具有很好的借鉴意义。

杨德仁
中国科学院院士，浙江大学硅及先进半导体全国重点实验室主任，
浙江大学杭州国际科创中心首席科学家，浙大宁波理工学院院长

本书从创新实践者的独特视角出发，将创新实践层面的微观迭代机制与更宏大的国家创新体系进行联动探讨，深入剖析其真相与内在逻辑，并提出了创新公司应该如何高效实现科技创新的商业化成功，以及国家的每一个创新参与者和机构应该如何为社会建设一个更好的创新体系和生态环境，以支持我们的长期目标：维持创新社会。对每一个从事创新事业，以及每一个关心国家创新体系的个体与组织，不论是科学家、发明家、创新者、投资者、企业、大学，还是政府部门，我相信本书都会带来很好的启示。

吴汉明

中国工程院院士，浙江大学集成电路学院院长

本书作者基于其在美国贝尔实验室、麻省理工学院等顶尖科研机构研发颠覆性技术及创办多家创新企业的亲身实践，深入分析并揭示了实现创新的商业化成功的内在逻辑与真相，系统阐述了美国国家创新体系的历史发展演化与面临的挑战。作者从创新企业的角度提出，需要同步迭代技术、市场与实施三大要素，才能更有效地实现从实验室到市场的商业化成功；从美国国家创新体系的角度，提出了创新社会生态建设思路和框架。这与我常常强调的建立"从研发出样品，到生产出产品,再由产品变成商品"的创新闭环生态的理念高度一致。

本书对我国发展创新与新质生产力具有重要借鉴意义。

江风益
中国科学院院士,南昌大学教授,南昌实验室主任

怎样让技术创新走出实验室,走向市场,推动企业和经济发展,一直是业界探索的焦点,也是我一直在思考并大力推动的重点工作。本书聚焦技术创新的产业化落地机制问题,提出了一个新的创新过程模型,阐述了颠覆性创新的特征,同时,剖析了美国创新体系的历史与现状、优点与不足,并主张创建全新的创新体系,以应对新时代的发展要求。他山之石,可以攻玉。本书对于创新驱动企业转型和发展,对于创新促进经济转型和增长,能够带来很多有益的启示。

芮勇
欧洲科学院外籍院士,
联想集团高级副总裁、联想新兴技术集团总裁

在我看来,《创新的真相》一书代表着人类在永不停歇地探索创新的道路上迈出了重要的一步,在理解诸多对创新成功率有着不可忽略的影响因素上迈出了重要的一步。本书作者对创新过程进行了深入的探讨，并从多种角度提出了其对创新过程的独到见解，阐明了在将科学发现成功转化为商品或量产技术的创新过程中所必须具备的几个核心要素。它基于作者几十年来在创新实践中积累的第一手经验和反思。毫无疑问，本书将对参与创新过程中各个环节的人们，无论是科学家、工程师、企业家、公司管理人员、风险投资家，还是政府政策制定者，都具有很好的启示意义。

谢亚宏（Ya-Hong Xie）
美国加州大学洛杉矶分校教授，AT&T 贝尔实验室前科学家
（本书作者尤金·菲茨杰拉德前同事，
本书第五章叙述了他们共同取得的颠覆性研究成果）

在这个人人都在畅谈创新的时代，创新的成功却实为不易。作为颠覆性创新的亲历者，作者以敏锐的视野在"技术"与"市场"两要素之上增加了"实施"要素。这就是为什么如今有越来越多的创新领导者在关注"R&D"之上更多地在关注"R&E"！真正的创新必须通过 E（工程化）才能真正落地！这就是作者提出的"创新生产线"之特殊意义。本书为从事创新工作的创新者——从底层工人到政府高层——提供了一个极具启发性的创新迭代系统思维。

本书的译者不仅曾是主要作者的学生,更是一位优秀的创新践行者。因而,翻译不仅流畅,更有深刻的悟性融入其中,使本书的可读性有了更大的提升。

吴晓波

浙江大学社会科学学部主任,

浙江大学创新管理与持续竞争力研究中心主任

如何做有效的创新,是一个历久弥新的难题。本书客观分析了美国国家创新体系的成功之处和不足之处,提出令人耳目一新的技术－市场－实施"三位一体"协同迭代的创新机制,是实现创新产业化商业化成功的有效途径。已经到来的 AI 2.0 是有史以来最伟大的科技革命和平台革命,如何在其中抓住机会,这本书有镜鉴的价值。

李开复

创新工场董事长,零一万物 CEO,

谷歌公司前全球副总裁兼大中华区总裁

创新有其内在的机制,从科研成果到成功商业化的过程有非常多的要素参与其中,本书第一作者经历了博士期间高迁移率应变硅技术的研究，再到后来创业，将该项技术成功推广到英特尔、台积电等著名企业。亲身的经历使他对科研成果从实验室到商业成功的各项要素有了深刻的理解，书中对创新者的核心技能要求，技术走向市场的几个基本要素，创新的环境和政策如何与时俱进，政府、资本、大学、企业在创新过程中的定位等相关问题都有非常独到的描述与见解。无论是颠覆性创新还是渐进式创新，最终是否能获得商业成功，有其或然性。有意识地分析、理解创新要素，有助于提高成功的概率。本书给出了一个比较系统的思考范式。

陈向东

杭州士兰微电子股份有限公司董事长，

浙江省半导体行业协会理事长

科技是第一生产力，科技创新是发展新质生产力的源头。如何高效地实现科技创新的商业化成功是决定创新企业和科技产业兴衰的重要议题。广泛流行的技术推动（Technology Push）和市场拉动（Market Pull）等模式都是片面的。本书作者基于其贝尔实验室、MIT科学家及多家高科技企业创始人的双重身份实战经验，以新颖的框架提出了科学技术、市场需求、企业实施三方面同步迭代的创新模式，既能同时减少三个方面的风险,也能灵活迅速地调整企业战略,从而极大提高了成功率。这一协同发展模式也符合"创新理论之父"熊彼特关于创新是经济增长核心的理论,其中的创新不仅是科技创新,也包括商业模式创新、生产要素创新等。本书也系统地梳理了美国自立国以来创新经济模式的演进和特点,并提出了如何从高校、政府、企业、投资等各方面建设更完善的国家科技创新体系的设想。这是一本见解深刻、引人深思的好书。

赵小强

美国杰克仕太平洋公司(NASDAQ: JAKK)非执行董事,

香港美盛文化有限公司董事长

向《创新的真相》的作者致敬。本书首先驳斥了"创新是一个线性过程"这一传统信条。作者清晰地阐述了"技术要素""市场要素"和"实施要素"这三块基石必须协同迭代,才能在市场上实现创新的商业化成功。作为一位迄今连续创立了五家公司的大学教授,我特别向美国政府和大学知识产权政策制定者推荐这本好书。

杰瑞·M. 伍德尔(Jerry M. Woodall)

美国国家技术奖章获得者,加州大学戴维斯分校教授

《创新的真相》对美国的创新体系进行了令人信服的审视,美国的创新情况令人担忧。作者认为,美国的发展一直依赖于几十年前积累的颠覆性创新。本书是关心美国经济的学者和政策制定者的必读之物。

加里·P. 皮萨诺(Gary P. Pisano)
哈佛大学商学院前资深副院长、教授

创新是新质生产力的核心和经济发展的真正引擎。本书认为创新是将想法转化为有用形式并推向市场的过程,是技术、市场和实施三要素相互迭代的非线性过程。基于过去三十多年不断增长的科技投入,我国已经孕育了很多创新想法乃至颠覆性技术,创造一个有利于迭代、互动和交易的优良环境,真正搭起"发展高技术"和"实现产业化"的桥梁,是当前最为急迫的任务,本书直击肯綮,提供了全面、深入和系统的参考。

黄铁军
智源研究院理事长,北京大学教授

现代科学诞生不过500年,而人类真正驶入快车道,则是始于二战结束后学界开始思考科学和技术的关系,包括科学范式的演进,从而诞生了"科学学"。在短短80年的"科学学"研究中,我们慢慢厘清了基础研究与应用研究非线性关系,而"研究"作为整体,是一个不断在"发明"与"发现"之间切换促进的连续过程。很高兴看到本书将"科学学"进一步延展,以创新作为主线,将科学、技术和商业、经济等市场要素整合分析,同时极大强调了人作为核心主体在创新活动中的重要性。

尹烨

华大集团CEO,生物学博士

本书清晰地将创新分为"颠覆性"与"渐进式"两类,通过晶体管和集成电路技术等具体案例,深入解析了技术、市场与实施要素在创新过程中的迭代关系。书中强调了跨学科、跨界创新者的核心作用,包括跨领域学习能力、抽象能力、多视角切换及高质量决策能力等,为培养创新型人才提供了指导。同时,本书指出理想创新团队应由具备多重领域经验和知识的跨学科成员构成,以促进有效沟通和迭代创新。此外,从投资者角度,强调了跨学科背景在识别成功团队中的重要性。本书为创新型企业提供了全面理解创新本质、构建高效团队、吸引合适投资者的宝贵参考,可以助力企业在竞争中实现持续创新与发展,值得创新型企业和管理者一读。

樊登

帆书 App 创始人

在科技飞速发展的今天,我们如何打造一个真正支持创新的环境,让科技成果能够持续转化并落地变现?这不仅仅靠个人的创意和突破,更需要政策的支持、资金的投入和教育的配合。《创新的真相》展示了如何通过多方合力,最终形成推动国家经济发展的创新型社会。本书填补了关于创新生态系统整合的知识空白,是市场上稀缺的系统性思考之作。

刘润

润米咨询创始人

这本书的确与以往读过的与创新有关的书不同。以往创新的书一般就两类,一类讲故事,一类讲模式。这本书不一样,它讲思想。简单说,作者认为创新"就是从想法到行动"的过程。关键是这一过程是一个复杂的"有机生化反应"过程,而不是一个简单的线性单向注入、转移过程。在脆弱的、快速多变的时代,这本书恰逢其时,值得推荐!

段永朝

苇草智酷创始合伙人,信息社会 50 人论坛执行主席

创新型国家的形成,需要从宏观到微观建立各种有效的创新机制,从而鼓励有洞察力和探索精神的人进行发明创造,并在市场上实现商业价值。市场反馈对于推动创新是至关重要的。无论是对发明者、技术专家还是对企业来说,本书都充满启示。

秦朔

人文财经观察家,秦朔朋友圈发起人,

中国商业文明研究中心联席主任

创新的真相是什么?土壤是什么?本书作者曾在贝尔实验室工作,深刻地揭示了创新背后的运作机制。创新是一个体系,不仅需要科学家和发明家,也需要创新者、创业者、投资者,更需要一个培育创新基因的制度环境。本书值得一读。

任泽平

经济学家,泽平宏观创始人

对于新时代的中国，创新不仅是推动经济增长的关键动力，也是实现社会进步、提升国际竞争力的重要途径。然而，到底什么是创新，创新的边界在哪里，它的内核又是什么，通联创新与市场之间的通道如何搭建，这一系列问题，都是可持续创新的重要课题，因此，创新是一个动态的、涉及多方面因素的复杂过程。

恰好，这里有一本深刻剖析创新本质与商业化路径的力作，作者深入探讨了创新的内在机制、历史演变以及国家创新体系的兴衰，并结合深刻的理论与丰富的案例，展示了如何将创新理念转化为市场价值。对于追求创新突破的企业家、科研人员及政策制定者而言，本书均有着非常具有建设性的指导意义和启迪作用，为理解创新的复杂性、建立有效的国家创新体系以及培养创新人才提供了深刻的见解和实践指导。

毛大庆

优客工场、共享际创始人，博士

这是一本关于创新方法论的图书。书中提出，创新不再只是技术上的进步，而是一项需要深思熟虑和反复迭代的系统性工程。要在复杂环境中取得创新成功，技术只是起点，市场需求和实施可行性同样不可或缺，三者在动态中相互作用，逐步演化为市场上真正可行的解决方案。尤金·菲茨杰拉德基于在贝尔实验室和 MIT 的丰富实践经验，深入剖析了创新从实验室到市场的艰难转化过程，提出了协同迭代的创新模式，清晰呈现了创新过程中的关键步骤和思维路径，为企业家、科学家和政策制定者提供了切实可行的指导框架，使他们在不断调整中稳步推进，实现从概念到市场的创新之路。

李国庆

当当网创始人，早晚读书董事长

在这个 AI 技术日新月异的时代，创新比以往任何时候都更关键。《创新的真相》中文版恰逢其时，其对技术、市场和实施"三位一体"迭代模型的阐述，在当今的商业环境中尤为重要。

作为一位见证并推动社交网络创新的践行者，我深刻体会到持续迭代和快速试错的重要性。本书不仅揭示了创新的内在机制，更提供了构建开放创新生态系统的战略蓝图，这与我们平台的开放战略高度契合。

在这个充满机遇的时代，《创新的真相》将帮助创新者把握方向，实现从实验室到市场的跨越。

王巍

微博 COO，新浪移动 CEO，新浪 AI 媒体研究院院长

在过去的几十年中,美国以创新引领了全球经济,值得我们学习。那么,美国究竟是如何做到引领全球创新的呢?《创新的真相》这本书系统分析了美国国家创新体系的内在机制、历史演变和兴衰起伏,非常值得中国参考。对于每一位对创新感兴趣的人来说,这本书值得一读!

郑毓煌

哥伦比亚大学营销学博士,世界营销名人堂中国区首位评委

尤金·菲茨杰拉德的《创新的真相》是一部将战略洞察与执行路径完美结合的经典之作。作者以系统化的方法论和实践案例,阐释了如何通过设计驱动的策略将创新融入商业价值链,实现从构想到落地的转化。对于咨询设计的从业者而言,这本书提供了关于创新与商业化的深刻见解,是在复杂商业环境中激发增长潜力、推动客户成功的必备指南。

贾伟

LKK 洛可可创新设计集团创始人、董事长,艺术家

颠覆式创新需要筛选和过滤吗?谁来支付创新的成本?怎么落地?回答这三个问题是《创新的真相》这本书最大的贡献。很多人认为理想的创新生态,国家和企业都应该大力投资基础科研，让科学家在好奇心驱动下随机探索颠覆式创新。但作者认为巅峰期的贝尔实验室才是真正颠覆式创新的摇篮，它既能巧妙地传递市场端的压力，又能很好地推动科学信息与外界分享。风险资本并不善于为颠覆式创新提供融资，它的特点是吸收和完成已经存在的颠覆性创新。落地则需要科学企业家，能够同时理解技术、市场和实施这三大要素的人，跨学科、跨界是关键。

吴晨

《经济学人·商论》原总编辑，财经作家，晨读书局创始人

多数企业和国家都宣称要创新，但是我们对于创新其实有很多误解。本书作者揭示，"创新"不仅是指开创性的研究，也不仅是指技术发明，甚至不是一个线性过程。换言之，创新是一个体系，是新想法实现价值的整套过程。创新这个体系要行之有效，需要微观和宏观环境共同协调。阅读本书，相信可以颠覆不少你对创新的定见。

徐瑾

FT 中文网经济主编，公众号 econhomo 主理人

在过去的几十年里，美国一直是一个创新驱动的国家，无论是早期在半导体、计算机和互联网领域的创新，还是最

近在人工智能领域的创新，它都极大地推动了技术的发展，带来了社会的繁荣，我们常常好奇这些创新是如何发生的。本书以作者自身的经验为基础，还原创新背后的真相，指出创新并不是一个大多数人认为的简单地从科学发现、技术发明到产品落地的单向过程，而是一个技术要素、市场要素和实施要素相互制约，交叉迭代，逐步减少不确定因素，最后收敛的复杂过程。在这个过程中，科学家、发明家、创新者、创业者和投资者都起到重要的作用，而其中创新者起到的作用尤为关键。作者指出创新团队必须具有跨学科和跨界能力，才能有效推进迭代创新过程。本书同时指出美国目前的创新体系还有提升空间，并给出了建设一个符合时代的全新创新体系的具体建议。无论你在创新过程中处于哪个位置，无论你是制度设计者还是创新实践者，都能在本书中获得有益的启示。

俞栋

ACM/IEEE/ISCA Fellow，

腾讯 AI Lab（人工智能实验室）副主任

这本书讲清楚了创新思维。它从宏观的角度介绍了三个创新要素——技术、市场、实施，帮助我们审视一个国家、一个行业是否真的达到了创新的水平。这一标准恰好与我们审视个人是否达到创新水平的标准高度相似。如果一个人做到了前人没做过的技术，满足了前人没能满足的市场需求，或者实施效率超越前辈，那就是一个可创造巨大价值的创新之人。

姜振宇

微反应科学研究院院长，北京师范大学博士

AGI时代需要更高效的创新范式，怎样创建AI创新体系值得高度关注。《创新的真相》一书正是把创新体系作为一套高效生态系统，360度解析了美国的创新生产线。作者研究创建全新的创新体系：其中自由市场侧扮演关键主体角色，创新者个体、自由市场的投资者、企业都是创新链条的推动者，而大学则担负着研究和教育的创新使命。从创新生产线到创新国度，是AGI时代的核心驱动。为AGI时代再次颠覆加速的创新体系，需要更多参与者投入创新实验。

杨静

新智元创始人

创新与共识成反比。"创新过程是由少数有洞察力并能坚持不懈的个人引领的社会过程，这一过程在社会体系中不断迭代并穿越社会体系，获得发展动力。这是人类天性中最美好本性所追求的最伟大成果。"阅读本书的过程本身是一次伟大的创新体验，就像观看一部奥斯卡影片一样，与我近30年在政府、企业、大学、孵化器等各种人生经历不断碰撞出火花并产生强大共鸣。"为我们未来的增长和繁荣创造必要范式的，是颠覆性创新。"从"科学共同体"到"创新生产线"，本书对创新体系的描述对我国创新体系的搭建和创新共同体的创建有一定的借鉴和参考作用。本书揭示了美国创新体系的演变与困境，提出构建新时代创新体系的必要性。在"研究和教育侧"与"自由市场侧"两方面，为我国提供了经验与启示。本书主张应重视政府科研经费的早期投资，强化大学在创新迭代中的角色，同时优化教育课程，培养具有跨领域实践能力的创新者。此外，自由市场侧也需为创新企业创造良好环境，重视个体流动性、机构变革能力、收益能力及法治建设。

孙万松
国际大学创新联盟执行理事长兼秘书长

如果你正在寻找一条通往未来的创新之路，这本书是你的必读之作。书中打破了传统线性创新模式的迷思，提出

"技术要素、市场要素、实施要素"三者协同迭代的创新机制,从微观的企业创新到宏观的国家创新体系,为如何实现真正的颠覆性创新提供了详尽的理论与实践框架。我相信,它会让你对创新的内在机制有全新的理解,并为你点燃追逐梦想的火炬。

李尚龙

作家,多伦多大学人工智能学者,硅谷投资人

本书深度挖掘创新危机的根源,构建了创新过程的新模型。作者通过多年实战案例,研究解析了迭代的过程与颠覆性创新的特征,为互联网时代的教育者提供了宝贵洞见。它不仅激发我们对如何在瞬息万变的世界中培养创新思维的深思,更揭示了创新教育的真正内涵,推荐教育工作者和终身学习者一读。

杨丹

中关村互联网教育培训中心主任

创新是推动人类社会向前发展的第一动力。当前,新一轮科技革命和产业变革加速演进,创新更是成为提高社会生产力和综合国力的战略支撑。美国是全球创新重地,创新实践活跃，创新成果丰硕。本书作者躬身入局，以从业者的视角，深度阐述实现创新成功的路径。这里既有见微知著的实践总结，也有鞭辟入里的理论升华；既有成功的经验分享，也有失败的案例分析，是一部理论和实践融合的佳作。他山之石，可以攻玉。当今世界唯一不变的就是变。如何应对这些变化，就是要创新，以变应变方能行稳致远。相信这部著作能给我们的创业创新者提供很好的借鉴和启发。

沈丹婷

北京亚信数据有限公司董事长

创新是推动企业持续成长的关键引擎。尤金·菲茨杰拉德教授等的新著深刻剖析了创新的精髓——它不仅关乎技术的革新，更涉及对市场的敏锐洞察和强大的执行力。本书为创业者和企业家提供了一个全面的创新框架，揭示了在激烈市场竞争中如何将创新理念转化为商业成功。在这个人工智能技术日新月异的时代，书中的洞见尤为珍贵。我极力推荐这本书给所有有志在创新领域取得突破的读者。

杜雨

未可知人工智能研究院院长，博士

原版序言

本书在两个方面颠覆了传统认知。首先，我们阐述了在实践层面创新过程的内在细节，并提出一个全新模式来解释该过程的实际演进过程；然后，我们阐述了它对一个国家经济的宏观影响，并分析了创新过程中的各个利益相关方。大多数关于创新的书籍都是基于对宏观层面的观察，但如果我们不具体分析创新在实践层面或微观层面如何演进，其结论有可能是错误的。这个问题的核心是，创新过程事实上是由人推动的，而不是由机构推动的。

不过，即使是最优秀的创新者也无法闭门造车。他们多是在不同类型的机构中工作，比如企业、投资公司、大学、政府机构等，每个机构都以其特定的方式为特定的活动提供支持。这些机构、其运作机制以及它们之间的互动模式，决定了一个国家的"创新生产线"或"创新体系"的性质。创新者必须在这个创新体系中进行思考、计划和互动，他们的创新必须能够成功地穿越这个体系，才能最终以可商业化的形式进入市场。

许多国家政策措施旨在调整国家创新体系,以提高创新效率和产出。同时,体系内的各个利益相关方和各个实体也在做出改变,无论是为了实现相同的目标,还是为了提高各自的产出,抑或是同时为了这两个目的。毫无疑问,每个参与者都需要很好地理解他们的行为可能产生的结果,尤其是当创新体系处于危机之中时。当创新体系已经脆弱到崩塌的边缘时,它不再像以前那样能够支持和产出创新,也没有演进出一种更合适的创新体系。

我们认为,美国正在发生这样一场危机,希望这本书将能帮助读者更好地理解如何改进美国的创新体系。本书是从美国的角度写的,美国的读者显然与此事利益相关,但本书的内容对其他国家的读者同样适用。

本书是基于我们三位作者在创新和新技术商业化方面积累的多年实践经验基础上进行编写的。几十年来,我们在多个机构工作过,经历了美国创新体系的多次演变。因此,我们认为自己具备资历和能力去深入分析和挖掘创新过程中的具体细节,以及它与国家宏观大局的关系。也许,一些读者可能只是想理解宏观层面的含义,只去阅读他们所需要的宏观内容,而希望略读这些有关创新过程的细节。但我们建议读者阅读本书的所有章节,因为这些细节对任何希望采取有效行动的人都至关重要。

中文版序言

本书英文版最初出版是在十多年前,但我很高兴看到这本书与今天的情况更具相关性。近年来,中国等多个国家都将创新定位为国家未来增长的核心,这本书在国际上的相关性也与时俱增。随着世界各地的实践经验揭示了对科研的传统认知与其在市场中的实际影响之间存在的差距,个人、公司和国家都在持续提高对创新过程的理解。在鼓励科学、技术和科技创业时通常使用的简化叙事虽然会被大家欣然接受,但创新的真相往往要复杂得多,难以捉摸。事实上,颠覆性创新需要在市场应用、科学、技术、当前产业形态、未来长期可能性等多个因素之间进行错综复杂的交织互动,从而为未来数十年经济增长奠定基础。创新过程是由少数有洞察力并能坚持不懈的个人引领的社会过程,这一过程在社会体系中不断迭代并穿越社会体系,获得发展动力,激发员工工作,最终使其在商业市场上实现价值。这是人类天性中最美好本性所追求的最伟大成果。我希望本书的中文版能够增进读者对创新过程的理解,帮助那些尝试开创未来的人们取得成功。

尤金·菲茨杰拉德

新加坡-麻省理工学院研究与技术联盟(SMART)

首席执行官、主任

麻省理工学院材料科学与工程系

Merton C. Flemings-Singapore MIT Alliance 讲席教授

2024 年 1 月

推荐序

揭示三要素迭代创新真相,构建全社会协同创新体系

《创新的真相》是一本探讨创新企业如何有效推进创新迭代过程以及国家如何构建创新生态体系的专著。作者以独特的创新实践者视角提出:国家创新体系的"研究和教育侧"(关注创新的起点)和"自由市场侧"(关注创新进入市场的过程)两者之间,以及创新过程的"技术要素""市场要素"和"实施要素"三者之间,需要以"双向奔赴"的方式协同推进,企业才能高效地实现创新的市场化成功,国家才能构建起新时代所需的创新体系和生态。

本书独特之处在于,作者本人是颠覆性创新过程的实践者和创新者,是创新的"内部知情人"。本书第一作者尤金·菲茨杰拉德(Eugene Fitzgerald)是美国 AT&T 贝尔实验室(Bell Labs)的杰出科学家和麻省理工学院的知名讲席教授,也是

一位连续创业者,他将一项集成电路产业领域极其重要的颠覆性创新技术——高迁移率应变硅(Strained Si)技术,从实验室,经过初创企业,一直推动到产业化应用。作为探讨本书主题的一个真实案例,本书第五章详细描述了第一作者从读博士期间开始进行这项技术的创新性研究,后来到贝尔实验室和麻省理工学院先后实现了一系列研究突破,再到成立新公司进行产业化迭代,直至最后被龙头企业成功商业化的整个创新迭代过程。该技术被国际主流半导体企业广泛采用,应用于当代各类集成电路芯片产品中,成为延续"摩尔定律"的一个极其重要的核心技术。基于这些独特的经历,本书作者得以揭示创新过程的内在机制和底层逻辑。本书另一个独特之处在于同时从正反两方面进行深入探讨,不仅详细阐述了许多创新成功的案例,也深入分析了创新失败的实例。因此,本书有别于大多数讨论创新的书籍,非常具有借鉴意义。

一、什么是创新过程的真相

20世纪美国最伟大的科学家和工程师之一、美国政府科学研究和发展办公室主任、麻省理工学院副校长、模拟计算机的开创者范内瓦·布什(Vannevar Bush),在二战结束后向美国政府提交了一份影响极其深远的报告《科学：无尽的前沿》(*Science: The Endless Frontier*)。从后来的历史发展来看，这份报告事实上定义了美国战后国家科技政策。基于这份报告的理念，美国的国家创新体系普遍采用一种先有科学发现然后才有技术开发的"线性单向"的科技创新模式。

本书首先通过深入分析否定了这一长期采用的"线性单向"的创新模式，认为这种模式只起到回顾性历史叙事记录的作用。这样的历史叙事记录掩盖了真正创新过程中的混乱程度和错综复杂特性，没有真正揭示出创新过程中真实发生的内在机制和底层逻辑。而且从投资收益的角度来看，这种模式也是失败的。真实发生的创新过程是本书定义为"技术要素""市场要素"和"实施要素"这三者之间进行反复迭代的过程。"技术要素"包括使得一个创新在市场中成功实现的任何新的或现有技术。"市场要素"是市场对创新的需求以及使用创新的客户。"实施要素"包括将技术要素和市场要素连接起来所需要做的一切，包括商业模式、生产过程、产品交付方法等。这三种要素之间的迭代需要同时进行，因为任何创新都需要找到合适的技术要素，以合适的实施要素方式，去满足合适的市场要素需求。但这三种要素各自都存在大量的不确定因素，而且三者之间相互制约，因此三个要素之间需要进行一次又一次的不断迭代,以逐步减少不确定因素。只有通过不断迭代,才能日渐改进萌芽中的创新,才能逐渐找到最终方案,才能将创新想法变成能够在市场上真正盈利的业务。因此,创新的真正内在机制不是单向的(从科学到技术),更不是线性的,而是创新的三种要素之间错综复杂地(甚至混乱地)相互交织、相互制约,并且逐步交叉迭代,并最终收敛成具有市场化商业价值的最终创新形式的过程。

二、创新的类别及创新过程的主要参与者

对于不同的创新其程度各不相同,可以采用一个以创新程度进行标定的"连续谱"进行分类,"连续谱"的两端分别定义为"渐进式创新"和"颠覆性创新"。"颠覆性创新"是指那些或者创造了一个全新的商业业务种类,或者以一种原本不可能的方式颠覆性地扩展了现有业务的重大创新。颠覆性创新需要在技术要素、市场要素和实施要素三者之间进行很多次完整的迭代才能实现。晶体管和集成电路技术的发明以及集成电路产业的创建就是一个典型的颠覆性创新例子,这一颠覆性创新为人类文明带来了电子信息技术革命,人类从此进入了一个全新的时代,这个革命性的时代常常被"摩尔

定律"范式所描述。"渐进式创新"则是那些对已经存在的事物进行微小或渐进的改进，在技术要素、市场要素和实施要素之间可能只需要很少迭代或不怎么需要迭代的创新。这种渐进式创新的一个例子是上述"摩尔定律范式"的早期几十年的迭代创新，比如集成电路微处理器芯片从 Intel 286 到 386 的进步等，这期间微处理器芯片的市场是固定的，商业模式、供应链等也是基本固定的，技术的性质基本上也变化不大。

一个创新基于在技术要素、市场要素和实施要素方面不确定性程度大小和创新程度大小的不同，可能处于上述"连续谱"空间两个极端之间的任何一个位置。比如处于"连续谱"中间位置的创新，可以称之为"中等程度的创新"。从创新迭代过程所需的时间来看，处于连续谱"颠覆性创新"一端的创新，它从实验室科研成果到产品成功入市所需的时间跨度往往需要 10 年以上；而处于连续谱"渐进式创新"一端的创新，往往很快就能进入市场。对人类社会来说，像集成电路"摩尔定律范式"这样的"颠覆性创新"，其影响都是伟大的、革命性的，也是人类所追求的。

为了实现革命性的颠覆性创新，既需要科学家和发明家，也需要创新者、创业者、投资者，更需要一个完善的创新生态和国家创新体系。纯粹的发明家是指创造出新技术的人。与纯粹的发明家不同,创新者在市场要素、技术要素和实施要素这三个领域之间进行迭代工作,目的是将其收敛成一个实用的有商业价值的创新。创新者是推动创新迭代的关键,创新者个体需要获得市场要素、技术要素和实施要素的技能和经验,并且具备整合这三大要素的能力,成为一个跨学科和跨界人才,才能在三个要素之间有效推进迭代创新过程。创新者的核心技能包括 (a) 很强的跨领域学习能力;(b) 高效的、准确的抽象能力;(c) 既能从高处鸟瞰各部分连接关系,也能从底层细节确保事情的正确无误,同时还能在两者之间进行快速切换的能力;(d) 在面对各种不确定性时做出高质量决策的能力。发明家如果与市场互动起来,并整合其他技术以制造出可行的新产品,同时根据现实中的实施过程反馈信息去进一步修改发明,那么这样的发明家也是一个创新者。范内瓦·布什于1942年就提出过,好的工程师"不只是一位物理学家、商人或发明家,而且是能够从上述每个领域中都获得一些技能并能够成功地大规模开发和应用新设备的人"。这样的工程师就是本书描述的创新者。创业者则是指创立和发展新企业的人,主要关注采用什么样的商业机制来实现上述目标。

在执行迭代创新过程中,创新者必须具备上述多种技能。尤其是颠覆性创新和中等程度创新，对创新者在所有领域的能力都提出了很高要求。由于同时拥有所有能力并能够在所有三个领域运作的通才很少，由多人组成一个团队可以更好地执行迭代创新过程。团队中的每个人首先需要在技术要素、市场要素和实施要素之中的至少一个领域具有天赋和经验，同时也需要对其他领域有一定的了解。他们也需要具备相互沟通讨论并共同推进迭代过程的能力。如果团队成员之间缺乏足够的知识重叠，无法在同一个现实框架下有效地沟通，他们将无法有效地执行成功的创新迭代。因此需要避免由非跨学科个体组成的那种由纯粹创业者、纯粹发明家和纯粹运营者组成的三人创业团队。理想的早期项目应该由跨学科跨界团队成员组成，这些成员的过去经验已经证明他们能够同时理解所有三个领域并能够共同组成一个团队。这同时还带来额外的团队优势：他们相互间可以进行批判性的辩论。即使在这样的团队中，仍然需要一个跨界跨学科的创新者，他不仅拥有技术背景，而且拥有市场要素和实施要素领域的经验。对于投资者，也要求具有跨学科的背景，才能识别出上述这样的能够使创新成功的潜在团队，并持续地与他们进行富有成效的互动。

三、美国创新体系的演化

美国的创新体系经历了多个阶段的发展演进,从美国独立之后的"前沿"探索阶段,到1930—1950年科技的国家聚焦阶段,到1950—1980年"官僚资本主义"时代的"非竞争创新"阶段,再到1980—2000年"创业资本主义"崛起中的"创新吸收"阶段。但在20世纪末尤其是进入21世纪之后,由于美国风险资本已习惯了过去几十年"摩尔定律范式"中获得的高利润投资回报,导致了一个又一个虚假创新泡沫的形成,包括互联网泡沫、生物医药技术泡沫等。美国创新体系因此在进入21世纪之后陷入混乱和崩塌之中。人们虽然提出并在实践中尝试了很多解决方案,但遗憾的是这些都是零碎的方案,无法解决创新体系中存在的系统性问题。美国许多地区为了区域经济发展试图激励人们成立初创公司。但如果美国创新体系无法源源不断地催生出新的颠覆性创新来支撑这些新公司,这种激励也就不会有太大的帮助。如果不认真思考未来创新者需要知道什么和能够做什么,只是在大学里投入更多资金是不会有太大效益的。因此本书作者认为,如果不做出重大改变,美国的创新体系将会进一步崩塌,无法满足社会未来发展的需求。

四、如何构建全新的、更好的国家创新体系

基于此,本书作者前瞻性地提出美国应该建设一个新时代所需的全新创新体系,并阐述了应该如何构建,这分为"研究和教育侧"及"自由市场侧"两个方面。研究和教育侧关注创新的起点,主要涉及大学和政府科研经费机构。自由市场侧关注创新进入市场的过程,主要涉及创新者个体、投资者、企业。大学的研究通常会展望未来10~15年的科技,甚至更前沿的科技。但很少有企业和投资者会投资需要3年时间以上的研究项目。因此,在自由市场侧与研究和教育侧两者之间留下了一个从3~10年跨度的"创新鸿沟"。为了推动真正颠覆性的创新,必须在这个"创新鸿沟"的3~10年时间跨度中也开展创新迭代。

在研究和教育侧,政府的科研经费机构应该成为颠覆性创新早期阶段的投资者,帮助创新迭代过程跨越"3~10年跨度的创新鸿沟"。最终无论是哪家企业或机构将这些创新推向市场并获得盈利,创新带来的所有经济增长贡献都会成为国家经济的一部分。

大学在建设全新创新体系中既担负着研究使命也担负着教育使命。当前,颠覆性创新研究在大多数大学中很难迭代

下去，因为大学不具备创新迭代所需的真实市场要素和实施要素知识。为了让自己从事更多的颠覆性创新，大学需要重新评估和调整其在创新过程中的角色。大学可以在新教师的聘用标准中增加市场要素或实施要素方面的产业经验，而非目前普遍要求的学术职业连续性。可以在终身教职评估标准中增加将市场要素和实践要素知识应用于研究问题所取得的进展。同时大学的教育课程也需要改进。传统的教育模式依赖于设计好的课堂讲解、教科书、练习题及案例分析等方式，但这种模式无法培养出对创新和跨领域实践有深刻理解的学生。正如20世纪的贝尔实验室所证明的，培育年轻创新者的唯一真正有效方法是在真实的创新实践过程中由有经验的创新者对年轻学者进行指导。从实践经验中学习，从执行迭代创新过程的失败和成功中学习，是获得这些跨越技术要素、市场要素和实施要素领域的复杂技能的唯一途径。大学可以采用不同创新参与程度的创新教育或培训项目：面向所有学生的创新普及课堂教育，为学生提供首次迭代创新经历的课堂项目，由企业人员指导的学生短期实际创新项目，以及适用于博士生培养，持续多年的颠覆性创新研究课题。

创新体系的建设在自由市场侧也提出了宏观要求，自由市场侧需要为创新企业创造一个良好的创新环境，其关键宏观要素包括（1）个体流动性，包括职业流动性和学习交换知识的便利性；（2）机构进行组织架构变革的容易程度；（3）从创新活动中获得收益的能力；（4）法治和他人遵守法律的意愿（例如从专利技术转让中共享收益等）。

优秀的创新者对创新迭代过程起到至关重要的、不可取代的作用。对于一个有技术创新想法的创新者来说，最重要的任务是以与市场要素和实施要素方面的可能性进行互动，以此方式开始迭代创新过程，才有可能在"3~10年跨度的创新鸿沟"中进行颠覆性创新。

当代社会已进入一个需要投资者以创新为重点而不是以技术为重点的时代。创新的投资者对投资组合的选择应该基于优秀创新者的创新所能创造出来的"颠覆性"价值，而投资组合所涉及的迭代创新过程就是其最有效的投资模式和投资理念。因此投资取决于投资者对迭代创新过程的理解程度，优秀的创新投资者需要具备能力在任何时候都能清楚地阐述创新迭代过程，以及市场要素、技术要素和实施要素方面所面临的挑战和不确定性。展望未来，那些有能力深入理解迭代创新过程的投资者将会取得惊人的投资回报率。一类新的跨领域人才，科学－工程－商业－金融跨界人才，会形成一个新的高回报率投资社群。这一社群的活动将促进新的创新体系的形成。

成功的企业应该积极参与到新的创新体系中，并为处于"3~10年跨度的创新鸿沟"中的创新过程提供关键知识贡献。成功的企业应该采用创新投资者的心态，应该谨慎地对小公司里或者大学里正在发展中的创新进行投资和培育，并找到适当的方式或者将其整合到自己的业务中，或与其合作将其推向市场。

综上所述，本书从创新实践者的独特视角出发，将创新实践层面的微观创新迭代机制与更宏大的国家创新体系进行联动探讨，深入剖析其真相与内在逻辑，并提出了创新公司应该如何高效实现科技创新的商业化成功，以及国家的每一个创新参与者和机构应该如何为社会建设一个更好的创新体系与生态环境，以支持我们的长期目标：维持创新社会。对每一个从事创新事业，以及每一个关心国家创新体系的个体与组织，不论是科学家、发明家、创新者、创业者、投资者、企业、大学，还是政府部门，我相信本书都会给读者带来很好的启示。

吴汉明

中国工程院院士

浙江大学集成电路学院院长

2024年9月于杭州

永不停歇的创新者

创新是推动人类社会进步的基石,与社会繁荣息息相关。

创新这个概念对不同的人意义不同。对一个科学家来说,创新意味着进行实验探索以找到对客观现象的科学解释;对一个工程师来说,创新意味着提高现有产品的性能、成品率或可靠性;对一个金融家来说,它意味着新的商机;对一个国家的领导者来说,创新意味着探索一条新的、带领国家走上更加高产更加繁荣的道路。

在我看来,《创新的真相》一书代表着人类在永不停歇地探索创新的道路上迈出了重要的一步,在理解诸多对创新成功率有着不可忽略的影响因素上迈出了重要的一步。本书作者对创新过程进行了深入的探讨,并从多种角度提出了作者对创新过程的独到见解。它基于作者几十年来在创新实践中积累的第一手经验和反思。毫无疑问,本书将对参与创新过程中各个环节的人们都有所帮助。

本书第一作者尤金·菲茨杰拉德教授和我是 AT&T 贝尔实验室前同事，贝尔实验室是在电子通信领域世界著名的基础科学研究和创新技术研发机构。共事期间，尤金和我两个人在贝尔实验室的科研职业生涯的一大部分都是围绕着应变硅这一前沿技术的研究。我们的研究工作揭示了半导体硅晶体在受到机械应变的情况下硅材料中的电子输运特性。如今，电子信息基础设施中的所有集成电路芯片都用到了应变硅技术。从贝尔实验室共事开始，尤金和我建立了终生的友谊，尽管后来我们离开贝尔实验室分别走上了不同的职业生涯道路——尤金去麻省理工学院担任教授，我则去加州大学洛杉矶分校担任教授。直到今天我们都一直保持联系，这让我有幸可以近距离了解他的职业发展轨迹。尤金·菲茨杰拉德具有许多优良品质：正直、有爱心、有超人的聪明等，但在这些之上，他的最大特征应该是，一个永不停歇的创新人。

加入麻省理工学院后不久，菲茨杰拉德教授就创立了 Amberwave 公司，这是一家定位于将上述应变硅技术商业化的创业公司。他后来又在半导体、水净化、高效硅基多结太阳能电池等领域连续创建或共同创建了另外六家创新企业。最近，他被任命为新加坡－麻省理工学院研究与技术联盟

(SMART)的首席执行官。毫无疑问，正是这种独特的工作经历，以及他与本书其他作者们的合作关系，使他拥有了超越大多数人的洞察力。

总而言之，《创新的真相》一书阐明了在将科学发现成功转化为商品或量产技术的创新过程中所必须具备的几个核心要素。无论是科学家、工程师、企业家、公司管理人员、风险投资家，还是政府政策制定者，本书的见解无疑都具有很好的启示意义。

谢亚宏（Ya-Hong Xie）

美国加州大学洛杉矶分校材料科学与工程系教授

2024 年 8 月

译者序

探讨创新的书籍很多,但本书与众不同。《创新的真相》由亲身经历过从实验室颠覆性研究一直到创新商业化成功整个过程的理工科知名教授撰写,具有揭示创新真相的深刻洞察和颠覆传统认知的独到见解。

本书第一作者尤金·菲茨杰拉德教授是我在美国麻省理工学院(MIT)博士后期间的导师。他拥有非常敏锐的创新意识,先后创建了七家高科技创新企业。他在科技创新上做出的最重要贡献之一是研发出集成电路芯片的高迁移率应变硅技术(Strained Si),该技术在Intel、台积电等龙头企业被大规模产业化,广泛应用于当代芯片产品中,产生了极大的经济效益,成为推动集成电路"摩尔定律"发展的一项不可或缺的关键技术。本书第五章详细叙述了这一创新过程。作为这项世界领先水平的颠覆性创新的全过程实践者,他拥有揭示创新真相的资历和机会,能够从创新过程的内部、底层、微观层面进行科学分析和真相探索。更难得的是,他同时拥有顶层宏观洞察力和国际视野。他先后在美国最具标志性的两家研究机构——贝尔实验室和MIT的几十年科研工作，使他经历了美国创新体系的多个历史性演化阶段：经历了20世纪以贝尔实验室为代表的美国工业研究实验室的鼎盛与衰退，经历了世纪之交互联网泡沫的潮起与潮落，也经历了21世纪以来美国创新体系的危机与变革。他也是21世纪新加坡创新体系发展的直接参与者。1999年在当时的新加坡教育体系总设计师陈庆炎（Tony Tan，2011—2017年新加坡第七任总统）和MIT教务长鲍勃·布朗（Bob Brown）的共同推动下，MIT与新加坡政府开始了历史性的"新加坡-麻省理工学院联盟"（SMA）合作，并于2006年升格为"新加坡-麻省理工学院研究与技术联盟"（SMART），成为新加坡创新体系革新的重要一环。菲茨杰拉德教授参与了该合作项目的全过程，并于2019年被任命为该联盟的CEO兼主任。这些独特的工作经历组合使他非常适合撰写这样一本颠覆传统认知、兼顾微观和宏观、结合创新思维范式与实践执行路径的创新专著。本书第三作者卡尔·施拉姆（Carl Schramm），曾任奥巴马总统创业美国PPP公私合作委员会联合主席，美国商务部21世纪经济创新衡量顾问委员会主席等职。他们来自不同的专业领域，使得本书从科技创新公司到国家创新体系，从历史到未来都有深刻认识和独到见解。

我在美国学习和工作期间有幸参与了我导师在本书第五章叙述的颠覆性创新——应变硅芯片及硅基光电子集成——部分研发工作,这为我深入理解和准确翻译本书所阐述的创新内在逻辑、微观机理,以及颠覆传统认知的新理念、新范式打下了很好的基础。近年来我国大力发展新质生产力,创新是其内核。我认为本书有很好的借鉴意义,因此联系了我导师,提出将他的这本专著翻译成中文,他非常高兴也非常支持。在翻译过程中,我十分感谢我导师、世界科技出版公司(World Scientific Publishing Company)、中译出版社、于宇编辑等的全力支持。尤其非常感谢浙江大学集成电路学院院长吴汉明院士亲笔为本书作序,并大力推荐本书给从事或关心创新的科学家、发明家、创新者、投资者、企业、大学、政府人员。吴院士在学术和产业上都拥有很深的造诣,在中国和美国的集成电路龙头企业(中芯国际、Intel 公司等)都做出过很多颠覆性创新,因此对中国和美国的创新机制都有深刻认识和真知灼见。同时也十分感谢我和我导师的共同好友,加州大学洛杉矶分校的谢亚宏教授为本书中文版撰写前言。谢教授的父亲是我国 2011 年国家最高科学技术奖获得者谢家麟院士。将门出虎子,谢亚宏教授博士毕业后加入贝尔实验室与我导师开展科研合作，并很快获得了本书第五章描述的颠覆性技术第一个重要研究突破。本书讲述了他和我导师的这段愉快合作，因此他为本书写的前言为读者展示了又一个"书中人物"的视角。我在浙江大学集成电路学院的多位博士生、硕士生——崔钰莹、黄平洋、张以纯、陈露露、褚衍盟、张哲宇也对本书的翻译做出了贡献。由于知识能力所限，翻译不当之处在所难免，敬请读者同仁批评指正。

读者在阅读本书之前，首先需要了解本书探讨的创新是指什么？它对国家对企业的重要性有多大？

创新（innovation）一词有多种不同的定义，最早可回溯到 1540—1550 年间的拉丁文记录"innovātiōn"。现代英文字典对 innovation 的定义有两个：新的事物，或者引进创新的动作和过程。对于人类科学技术知识体系来说，创新是一个抽象的概念，是指科学的新发现或者技术的新发明，但这不是本书探讨的。本书探讨的创新是指能够促进生产力进步、推动经济增长的创新，这是一个复杂的动态过程，从一项新科学、新技术或者一项新的商业模式、商业想法开始，通过不断地解决技术、市场、实施等各方面问题，最终形成一个具有显著经济价值和社会价值的新产品或服务，在市场上得到广泛应用的过程。这一具象化的创新概念源于美籍经济学家熊彼特在1912年出版的《经济发展理论》：他旗帜鲜明地指出经济增长源于创新——把一种新的生产要素和生产条件的"新结合"引入到生产体系中。这与中国科学技术名词审定委员会于2016年出版的《管理科学技术名词》中对"创新"的定义一致。这样定义的创新，无疑是一个企业发展壮大的内核，也是一个国家经济增长的内生性驱动力，其重要性再怎么强调都不为过。

基于上述定义，本书也把国家科研经费分为两大类：资助纯粹的科学技术知识进步的研发经费（这不是本书探讨的范围），和资助创新的研发经费。后者也是本书在详细探讨国家创新体系建设时的一个非常重要的方面。

我们为什么要翻译这本专著？

虽然熊彼特提出经济增长源于创新的理念已经一百多年了，但是如何才能实现创新成功？要以什么样的方法和机制才能有效推进创新过程？这至今依然是一个未解之谜。即使拥有创新所需的所有资源和条件（好的技术、好的人才、好的政策等），创新也不会自动成功。小到一个初创企业应该如何推进创新过程中的每一个步骤才能将实验室里的一项科研成果最终转化为市场上的商业成功？大到一个国家应该在国家创新体系中内嵌什么样的创新运行机制和生态，才能为经济增长提供源源不断的成功的创新？本书旨在解开这个百年谜题，提出行之有效的解决方案。

本书前四章通过对多个案例的深入分析，以层层递进的方式为读者揭示了创新过程的真相和内在机制，及其错综复杂的非线性特征。作者进一步提出了高效推进创新迭代过程的新模式："技术要素""市场要素""实施要素"三者在相互制约、互为支撑之中反复不断地相互迭代、快速试错、交叉调整，以逐步消除三者的不确定性，最终收敛成为商业化成果。为了让读者能够在真实世界中更深刻地体会这一非线性创新模型，本书第五章详细叙述了第一作者本人亲历的重大颠覆性创新——集成电路应变硅技术，并深入"解剖"了每个成功和失败的关键节点，其中包括大量不为人知的"内幕"。这使读者可以"身临其境"地看清楚上述机制和三大要素是如何影响和改变这个真实案例的每个发展步骤的。这是本书非常独特、富有参考价值的一章。这一半导体芯片领域的颠覆性创新，也是美国最具代表性的创新机构（贝尔实验室、MIT）和美国创新体系生态环境的一个典型缩影。

行之有效的创新机制、执行路径以及思维范式，既是一家企业取得创新商业化成功的关键，也是一个国家的创新体系能够有效推动国家经济增长的必要条件，是企业微观层面和国家宏观层面两者交织组成社会经济体系的中枢结构之一。因此作者在本书最后三章深入探讨了美国国家创新体系的演进和进入 21 世纪后面临的创新危机，并系统地提出了面向未来创新社会需求，如何从研究和教育侧（大学和政府机构）以及自由市场侧（创新者、投资者、企业）共同构建一个更完善高效的国家创新体系和"创新生产线"的战略蓝图。

创新是我国新质生产力发展和未来经济增长的内核和源动力，是国家强盛的关键，也是当今世界各大强国竞争最激烈的领域。我国过去几十年的生产力机制，已无法满足我国发展要求，亟须构建一个高效的创新体系与生态。我衷心希望本书中文翻译版的出版能够给我国广大读者带来有益的思考和启发。

程志渊

浙江大学集成电路学院求是讲席教授

2024 年 12 月于杭州

目 录

第一章 创新危机

　　美国"创新生产线"的枯竭 · 006

　　摩尔定律 · 010

第二章 创新的真正内在机制

　　创新过程新模型：三个基本要素 · 027

　　迭代过程 · 040

　　两种假设情景 · 050

　　示意图视角 · 056

第三章 一位创新者的一次迭代过程

　　深入了解思维如何工作 · 072

　　团队和环境 · 075

第四章 颠覆性创新的特征

　　从实验室到市场的时间跨度 · 087

发明家、创新者和创业者及其角色 · 092

生态系统 · 094

第五章　颠覆性创新的真实故事

尤金·菲茨杰拉德的故事：应变硅电子器件 · 101

更多创新迭代事 · 161

第六章　美国的创新体系

早期美国的创新体系："前沿"探索 · 170

现代美国创新体系的演变阶段 · 177

第七章　创建全新的创新体系：自由市场侧

自由市场侧：宏观要求 · 205

创新者个体 · 209

自由市场的投资者 · 219

企业 · 226

第八章　创建全新的创新体系：研究和教育侧

大学：研究使命 · 247

大学：教育使命 · 262

政府的角色 · 273

第一章

创新危机

"货币兑换商已从我们文明大殿的高位上退下,我们现在可以恢复这座大殿的古老真理。"

——富兰克林·德拉诺·罗斯福(Franklin D. Roosevelt),

总统就职演讲 1933年3月4日

随着美国经济在21世纪的头十年在繁荣和萧条之间跌宕起伏,人们开始寻找替罪羊,就像在历史上其他经济困难时期一样。造成经济问题的人在哪里?是谁抢走了我们的工作,耗尽了我们的预算,抹去了我们资本投资组合的价值?与过去一样,人们很容易指责那些"货币兑换商":那些声称知道应该将我们的资金投资到哪里的投资大师、金融家和投机家。人们总能找到很多迹象来表明金融从业者是罪魁祸首。

替罪羊的故事听起来可能很有趣,但本书更感兴趣的是事情的真相。自由市场经济的发展是周期往复的,修正既是自然的,也是必要的,有时候规则也需要调整。但当衰退严重且持久时，挑战在于如何看清楚表象之下真正发生了什么。在这种情况下，金融危机的表象掩盖了一个更亟待解决的根本性问题。这个问题一直在侵蚀着这个国家维持经济增长的基本能力。如果想让经济恢复真正的活力，我们不能仅满足于周期性的经济活力小幅上升。我们真正需要解决的是，在金融危机表象之下我们所面临的创新危机。

创新，是将想法转化为有用的形式并推向市场的过程，是经济增长的真正引擎。自古以来都是创新驱动经济增长，尽管这一真理直到近代才被充分认可。那些"将想法转化为有用形式"的创新，让人类提高了生产力，如通过使用铁犁更有效地耕田，通过使用抗生素恢复健康，通过使用飞行机器飞得比鸟更快。其中最强大的创新，是那些应用领域极多而其好处不断倍增的创新：计算机现在在人类生活的各个方面都非常有价值，以至于我们几乎忘记了它最初仅仅是为了计算而发明的。这一类颠覆性创新具有创建多个公司和多个行业的力量，由此诞生的**创新范式**带来数十年的经济增长。

推动经济增长的最强大力量，就是使这一切得以发生的人类创新过程。然而，尽管人类是创新过程的执行者，但创新过程的内在运作机理至今仍未被广泛理解。直到最近，我们才开始意识到，确保这个创新过程运转顺利并找到方法使它运转得更好具有巨大价值。而当条件改变破坏了创新的支持系统时，创新过程会放缓，会被削弱，其表现形式就是创新危机，尽管在创新危机发生期间我们可能还在继续收获着过去的创新留给我们的好处。社会的各个方面，不仅仅是金融业，都是这一切的肇事者，同时也是受害者。

因此，本书的动机是打开引擎盖，看看其内部到底是出了什么问题。任何愿意检查引擎及其问题，愿意为解决问题撸起袖子做贡献的人都将获得巨大的收益。

当然，金融家在危机中扮演了一定的角色，正如他们在20世纪90年代互联网和电信行业泡沫（下面简称"互联网泡沫"）时投资失误所体现的那样。这个泡沫是后来一系列经济泡沫中的第一个，这并不让人意外。在一个持续时间很长的经济增长期的末期，出现金融与现实脱节的情况并不罕见。在伟大创新出现的时代，创新创造了巨大财富，在一段时间内经济回报重新投资到经济中，有效地推动经济增长到新的高度。但不可避免地，与巨大的财富伴随而来的奢侈也造成了危险，越来越多的金融家在脱离事实的抽象中工作，而不需要去了解财富是如何真正被创造出来的细节。这基本上就是互联网泡沫时发生的事情。投资者看到互联网和IT行业蓬勃发展，看到新公司不断涌现为市场带来新想法；因此许多投资者只想最直接地获得成果："尽快得到高额投资回报，然后回家休息。"但他们忽视和低估了使创新得以成功的许多细节。这种对高回报的预期，加上不正确的成本和风险评估，成为主流的投资驱动力，并最终成为引发危机的重要因素。

互联网泡沫之后美国又出现的一系列投资引发的泡沫。泡沫崩塌带来了痛苦，同时也使许多市场价值得到了必要的修正。然而这些修正远远不足以解决我们当前需要应对的更深层次危机。尽管人们已经越来越强烈地感觉到有些事情应该出了问题，但我们社会的各个方面对创新的认识依然非常模糊。

美国"创新生产线"的枯竭

许多观察家指出，美国的"创新生产线"似乎正在枯竭。他们指出，21世纪头十年没有像20世纪后半叶那样有持续不断的新产品和新产业涌现出来推动经济发展。尽管他们的观察是正确的，但他们提出的大多数解决方案不太可能产生他们所期待的经济影响力，最多只能算是解决了部分问题。例如，许多政策制定者敦促国家投入更多资金到科学研究中，为"创新生产线"提供新鲜血液，以重新激活美国企业。毕竟我们知道过去的创新是如何发生的，对吧？首先研究人员深入思考，发现新事物，产生新想法，然后由我们竞争性的自由市场去挑选其中最佳的想法让它们通过"创新生产线"最终形成产品，从而推动美国取得又一次经济成功。创新是这样发生的，对吧？所以，让我们加大力度重复这个过程！

上述这种看法是把创新过程看作是一个单向线性的过程。但这种看法把创新的各个关键要素之间的逻辑关系过度简单化了。投资基础研究当然是应该的，我们甚至有充足的理由应该投入更多。但是，创新过程本身并不是一个简单的单向线性过程，尽管大多数人误以为是，就像许多人会把电灯泡的发明过程简单描述成"先有专利，再有原型，最后有产品的线性过程"。事实上，真实的创新往往是一个来回不断迭代的非线性过程，我们将在本书下一章中详细描述，这个迭代过程不只是像爱迪生为找到适合电灯的灯丝那样反复尝试同一个任务。随着对如何将创新想法产业化的观点不断改变以及可能感兴趣的市场不断变化，这个迭代过程通常包括对许多技术因素和商业因素的不断调整和重新评估。逐渐地，你最终可能会得到一个可能与你最初设想完全不同的新"产品"和新"业务"。

把这个创新过程做好并不是一件容易的事，它必须在一个有能力支持所有各种迭代、互动和交易的环境或系统中进行。人们必须从对的人那里学习或获得所需的知识，必须在对的时间将资金投入适当的活动中。**这整个赋能和支持系统构成了"创新生产线"**。像所有生产线一样，它"承载"着在其上流动的东西："创新生产线"承载着创新过程。

另一个错误看法是将"创新生产线"与宏观经济大体系视为两个相互分离的事物。人们经常错误地将"创新生产线"看作能够独自运行的机器：你只需在研究中投入资金，然后由市场去选择它想要的产品，并经过一系列操作后得到结果。但事实根本不是这样的，这是完全错误的看法。

"创新生产线"是宏观经济系统的一个组成部分，它是嵌入在该系统中的。现在遇到的问题是，由于多个事件的汇合，情况发生了变化，破坏和瓦解了创新生产线中的一些关键点。它所承载的创新过程开始停滞不前或偏离了其最佳路径而走在了浪费资源的方向上。事实上，体系的基础正在逐渐瓦解。

我们中有许多人已经感受到了这些变化引发的"地震"，不仅在美国，也在那些其创新生产线与美国创新生产线相连接的国家，或在某些方面模仿美国创新生产线的国家。因此有这么多人都对近期内恢复经济增长的前景感到焦虑。正如托马斯·库恩（Thomas Kuhn）在《科学革命的结构》（*The Structure of Scientific Revolutions*）一书中指出的那样，转向新范式的前兆是那些处在当前范式中的人已经明显感到无以名状的焦虑。

将这种焦虑投射到外部因素的观点并不罕见，例如认为中国和印度部分地区的经济改革似乎进一步威胁到美国在创新领域的领导地位。这两个国家及亚洲其他若干国家开始取得了以往被认为不可能实现的前所未有的成就：持续而显著的经济增长，而且其增长速度已超过了美国。然而，过多关注这样的外部因素会导致美国走上一条阻碍自身创新体系未来发展的道路。我们想强调的是，本书的目的不是以牺牲其他国家的利益来提高美国的竞争优势。全球竞争是每天都存在的现实，但全球互动与合作也是。我们的关注点不是国与国之间的相对进步水平，而是绝对进步水平：在我们所面临的范式转变中如何重建我们日益低效的创新体系。

用彼得·德鲁克（Peter Drucker）的话说，我们目前肯定处于"后资本主义"时代，其特征为不属于个人也不一定属于某个国家的大量资本正在拼命寻找投资增长机会。但只有持续高水平的创新所支撑的长期超级增长才能满足这些投资的期望，而这样的超级增长来自能够使效益不断扩大甚至指数级增长的特定**创新范式**。

例如，在工业革命中，一种创新范式应运而生，该范式基于能够将化学储存的能量转化为可以产生经济效能的动能设备。这里我们为什么不直接说是"发动机"的创新范式呢？这是因为，虽然有许多改变社会的创新都是源于发动机，从最早用于矿山和工厂的第一代蒸汽机，到不久后用于船舶和新型交通工具铁路的新一代蒸汽机，一直到如今最先进的喷气发动机，但除此之外，还有许多从"经济有效的机械运动"中创造价值的创新不是以发动机的形式存在的，比如邮购零售企业西尔斯·罗巴克（Sears Roebuck）和快递服务企业联邦快递（FedEx）等。

类似的范例还有在宏观设备中应用电磁学来实现高效的能量传输、照明、雷达、无线电、电视等。同样地，这个范式也包括一系列相辅相成的颠覆性创新，以及非常多的渐近式创新；它们共同造就了巨大的经济和社会效益。

摩尔定律

我们现代人很幸运。从 20 世纪中叶到下半叶开始，我们的创新体系创造了信息时代的新范式，我们的经济在此范式上蓬勃发展。这个范式符合摩尔定律（Moore's Law），即集成电路中晶体管密度每两年翻一倍的神奇规律。这个范式是一个创新奇点。人类历史上很少能创造出一种经济领域，其基础行业（集成电路或微处理器）能够保持几十年的超级增长，同时建立在它之上的多个行业也都有各自的超级增长，包括个人计算机、软件、互联网行业、移动电话系统、嵌入式传感和控制系统，等等，更不用说为这些设备和系统制造零部件的、处于众多供应链中各个阶段的诸多行业了。

这种超级增长不仅存在于制造行业，那些直接或间接使用了基于摩尔定律的产品和服务而获得生产效率提高的更广泛的行业领域也享受了这种超级增长。这是因为，晶体管密度的倍增提高了由晶体管组成的微处理器芯片和相关设备的速度和容量。而从终端用户的角度来看，这种倍增不仅赋能了更快的设备和更大的内存和存储器，也创造了更多的新功能和新设备种类。我们只需回想一下最初的个人计算机或移动电话是什么样的，就能意识到变化是多么巨大了。同样的变化也发生在使用了集成电路的各种技术和应用领域之中，这些应用我们不能直接看到但范围更广，包括每天保护我们安全、使我们生活舒适和通信畅通的各个技术领域。像摩尔定律这样的创新范式放在几个世纪的时间尺度上来看都是很少见的。

与任何创新范式一样，不可避免的是，摩尔定律的影响最终会减退。微处理器芯片性能的提高还未达到物理极限，事实上本书作者之一所进行的一项颠覆性创新曾经延长了摩尔定律的时效，这在本书的第五章会详细描述。但这些增长所带来的回报现在已经开始递减，对购买者和用户来说，性能的提高已没有太大的差异。例如，在 20 世纪 80 年代和 90 年代，个人电脑的性能有极大的飞跃。首先，电脑不仅变得便宜，而且速度足够快，功能足够强大，因此几乎每人都想要一台。自那以后，新一代的机器配备新一代的微处理器，明显地超越上一代的型号，一代接着一代，都是如此。但发展到今天，新一代技术的进步已减退了很多。尽管机器内部的芯片依然不断升级，但今天你还能声称新一代的电脑比上一代电脑有巨大的技术进步吗？也许只是稍微快一点，功能稍微强一点吧？许多其他限制因素开始显现出来。超级增长最终取决于让用户超级受益，而摩尔定律已经达到了其提供这种能力的极限。

我们更深层次的担忧是，美国创新体系作为一个整体当前正失去催生颠覆性创新的能力。这些颠覆性创新往往需要 10~15 年的长时间发展才能最终形成市场影响力（这点我们将在后面的章节中具体阐述）。这意味着 20 世纪 90 年代的超级增长主要得益于更早时期开始的那些创新过程。此外，虽然我们尚处于收获前期种下果实的过程中，但我们并没有种下与之前同样多的新种子，没有培育与之前同样多的新树木，在21世纪初期的贫瘠年份中可以收获的果实比以前更少了。我们认为，在20世纪90年代达到巅峰的美国创新体系现在已经进入了崩塌阶段，而美国金融体系通过制造一系列经济泡沫加剧了这种崩塌，那些不真实的创新"空头支票"获得了高额投资回报的奖励，而那些真正的创新项目却得不到资金的支持。

摩尔定律范式是让我们的金融体系不断上瘾的"可卡因"。高回报率成为资本期望的常态，当无法从基于创新的真实利润和增长中获得高回报率时，就设法以某种方式把高回报率给"编造"出来以达到资本的期望。经济繁荣时期扭曲的高估值，隐藏了其根本问题。许多由风险投资支持的初创公司推出的"创新"并没有获取持续利润的潜力，但如果可以IPO发行上市或被并购，也会获得巨额回报。

正如我们都知道的，自互联网泡沫以来，对高回报率上瘾的症状一直持续至今，不仅限于风险投资家和华尔街金融家，个体公民同样要求他们早已习惯的高回报率。创造力被引向操纵而不是创新，结果是一系列名副其实的金融泡沫：房价泡沫，与之同步而来的是贷款泡沫，以及全体衍生品的泡沫。同时，在技术投资领域，对高回报率的期待吹起了生物技术、清洁能源技术等领域的泡沫。

遗憾的是，对金融虚幻回报的普遍固恋掩盖了创新体系中的真正危机。这个赋能和支持创新的体系包括多种要素：公司、大学、政府、私有投资社群。这是一个错综复杂的"创新生产线"，极其依赖于创新者在推动创新过程中在各要素之间寻找道路迂回前进的能力。也许是无法避免的，但各要素之间正变得越来相互脱节，变得不适合它们需要服务的目的，因而阻碍了创新的进展并将人们引入死胡同。我们将在后面的章节中更详细地阐述这些问题，并提出"建立一个新的创新体系"的指导方针。

在此之前，我们首先需要向你说明创新过程本身的细节。只有理解了创新体系内需要做哪些事情，各利益相关者才能清晰地认识到如何最佳地重构体系中与自身相关的部分。从修正后的视角来看，创新的基本过程本身并没有太大的差别。无论是什么样的产品、组织或者环境，创新过程都需要有若干相同的步骤，都涉及相同的指导原则。

在本书接下来的章节中，我们通过实际案例阐述真实创新过程的基本特征是如何在各种不同的情况下发挥作用的。接着，我们邀请你经历一个颠覆性创新的真实故事，一步步地理解它是如何经历整个创新过程的，**如何经历创新体系的**

曲折迂回路径的。然后，我们将分析美国创新系统在历史上是如何发展演化的，为什么它曾经是如此富有成效，而现在又不再有效了。正如前面提到的，本书的结尾对未来进行了前瞻性的讨论，讨论我们每个人可以做些什么。我们会与每个利益相关者依次对话，从创新体系中最重要的利益相关者开始——创新者。

首先，让我们仔细看看真正创新的内部机制是如何运作的。

第二章

创新的真正内在机制

"检验一流智力的标准,就是头脑中同时存在两种相反的想法而仍具备正常行事的能力。"

——F. 斯科特·菲茨杰拉德(F. Scott Fitzgerald)

《崩溃》(*The Crack-Up*),1936

在 20 世纪的大部分时间里,"科学"和"技术"是充满魔力的两个词。人们把它们看作推动社会进步的力量,不断带给我们更美好未来的力量,使我们受益。但是近年来,"创新"成为关键词,因为人们意识到其中有一些更基本的因素。

我们在本章介绍一个概念性模型,用以解释和理解创新过程在最优情况下是如何进行的。它是一个非常简洁的概念模型,只包含三个核心要素和一个基本原则;同时它也是一个通用的模型,适用于任何行业任何环境中的创新,我们将通过许多例子来说明这一点。因此,这个模型不仅能够让我们清晰地理解创新,还提供了一套我们可以用来探讨创新的通用语言。

本书中定义的"创新"一词不仅是指开创性的研究,也不仅是指技术发明。研究和发明尽管非常重要,它们也只是"创新"整体中的一部分。我们用"创新"一词来指代有价值的新想法经过所有环节一直到达市场的整个过程,在这个过程中,用户获得好处,投资获得回报。简而言之,我们将**"创新"定义为新想法在市场上实现价值的具象化过程。**

为了真正理解这个过程,我们必须首先纠正一个常见的错误认识,它错在将创新视为一个大致按以下次序进行的单向线性过程:

发现 → 发明 → 开发 → 产品 → 市场 → 利润

尽管这种线性模型的观点被广泛接受,但它并没有描述出成功的创新是如何发生的。创新的线性模式只能用做回顾性的历史叙事记录形式,它并不是创新实际产生的方式。这样的历史叙事记录掩盖了创新过程中实际的混乱程度和错综复杂特性。如果我们能够把创新者的原始文件保留下来并详细研究它们的话,我们就会发现这一点。创新的工作往往是许多人在一段时间内进行复杂的信息交换。而且,关键的一点是，当创新者进行思考并做出计划时，测试他们的新想法并进一步发展他们的想法时，这个过程并非如同火车沿着既定轨道，按部就班地从实验室逐步迈向市场。

比如，你首先花费了大量时间和资源将一项研究成果开发成一个新产品原型，然后才开始去解决诸如如何生产和分销该产品等"实施"问题，再然后才开始认真思考市场的问题以及人们会如何评估该产品价值的问题，这种单向线性方式就不是一个好的策略。事实上，在创新过程中，过早地锁定任何一个主要要素都不是一个好的策略，这点我们在本书后面章节中将会多次看到。假设基于当前有限的信息，你判断正在开发中的一项技术非常适合于某个特定的市场领域或终端用途，然后你就沿着上面描述的这条线性模式一直向前推进，期间你既不去做大量的进一步分析，也不去做持续不断的交叉验证，这不是好的策略。

这不是好的创新过程的真正内在工作机制。事实上创新过程是高度迭代的，是持续不断地迭代的，它的所有三个基本要素——产品性质、产业化实施过程、市场需求——都在持续不断地进行相互制衡和调整，并不断地商酌相互之间的关系。通常情况下，所有这三个要素，至少是它们中的具体内容，都会随着创新进展的推进而不断改变。在这个过程中，这些要素反复迭代，直至最终收敛成一个在市场上取得成功的最优化产品。

自然地，在这个过程中，必须不断做出决策和承诺，但这个迭代过程并不是无休止地来回徘徊、犹豫不决。相反，其迭代的主要目的之一是在整个过程中做出尽可能最好的决策，本书后面的例子将说明这一点。在创新过程中，三个要素的持续迭代能让你清晰把握每一个时间点的真实状况。随着你开始看到一个要素中的现实制约因素是如何将其他要素中的某些可能性排除在外时，"死胡同"变得清晰了。举个非常简单的例子，如果一项新兴技术在某一特定市场应用中为了满足客户需求必须违反物理定律，那么对于该技术来说，这一特定市场就被排除在外了。然后在下一轮迭代中应该问的问题变成：我们应该试试不同的市场？或者采用不同的技术？

反复迭代也能让我们更清晰地聚焦主要的未知因素和不确定性，这将有助于决定哪些选项应该保留，哪些选项最好放弃。在迭代过程中，创新者不断遭遇小的失败，从而使创新者做出有关何时以及如何投入资源的更有理有据的选择。因此，尽管迭代过程可能看起来很"凌乱"，但其真正目的是提高创新效率。如果认真执行，它可以最大限度地提高每个步骤的成功率，减少每个步骤的损失风险和资源浪费，并提前反映出创新路径何时应该有显著的改变。

相对比，线性模型则无法做到这些。从简单的财务角度来看，线性模型也是失败的。假设我们按照线性过程从左到右进行：

发现 → 发明 → 开发 → 产品 → 市场 → 利润

那么这意味着我们必须首先在最左边的"发现"阶段尝试每一个科研想法才能知道哪些想法可能会成功地"发现"。在第二步的"发明"阶段也是如此，以此类推，这导致了一个常见的漏斗模型：通过简单粗暴的淘汰方法选出赢家。考虑到颠覆性创新需要至少 10～15 年的时间才能从实验室走到市场，而上述线性过程中每个阶段所需的投资额度都比前一阶段高出大约一个数量级，那么可以粗略地估算出，走完整个漏斗模型所需投资的金额大多是难以负担的。

然而，正如本书后面将要展示的，这种所谓的"线性漏斗模型"实际上浪费了很多资金。公共资金通常投入新的研究领域，而私有资金则投入新型初创公司，大家的期望是（a）最终一定会有一些有用的东西出现并成功，（b）成功的回报会足够高，足以弥补对那些失败项目的投资损失。其实我们可以做得比这更好，也应该在各个方面都做到比这更好。

需要再次强调的是，虽然事实上并没有人真的把创新看成上述这样简单到可笑地步的线性化过程，但问题是，近似的线性化思维普遍存在于人们的头脑中，阻止人们理解如何更有效地创新。例如，经常听到有关"技术推动（technology push）"与"市场拉动（market pull）"的讨论。前者是科学家和工程师试图将一项研究或技术推向市场，这通常被认为是应该避免的效率低下的推动力；后者则是由市场发号施令，这通常被认为是一种更明智的方法：只需听取市场端的客户需求，然后为他们提供他们所需的创新技术即可。上述模型几乎引导人们相信，在这两个方式中，选择出正确的那一方是创新的关键之一。

实际上，上述两种方式都是线性化概念，它们都过分简单化以致没有用处。其中一个明显的缺点是，市场中的用户可能并不知道他们"想要"什么样的创新，直到用上了该创新产品才明白。比如在个人电脑这一创新发展得很完善之前，并没有多少人能够想象出个人电脑是什么样子的，更不用说想要。历史上有无数的创新都是技术人员在预测市场的情况下"推动"了创新过程，而不仅仅是回应市场的呼叫。但是，这里有一个更加基本的概念性错误会误导我们。技术推动与市场拉动是伪命题，伪二分法，伪选择，因为其基本的前提假设就是错误的。创新过程不是从技术到市场的直线，它不必从一端"推动"到另一端，也不必由另一端"拉动"这一端，也不必从任何一端开始。

真正的创新更多源于创新者们头脑中各种因素的交汇。他们了解某些技术或可能存在的技术，也知道一些市场需求或可能存在的市场需求。实际的起源很难确定，但这并不重要，因为一旦这一进程启动，新涌现的创新就可能会被各种事件"推动"和"拉动"到各种方向上，这些事件范围很广，包括出人意料的问题、新出现的想法等。每一个"推动"或"拉动"的转折都会增加选择和权衡的多样性，必须予以考虑。这是一个交错纠缠的过程，我们几乎不可能找到一条由技术推动的单向直线可以贯穿这一交错纠缠的整个过程，也不可能找到一条期望像指路明灯一样由明确市场信号照亮的单向直线。我们认为，最好的期望是通过反复迭代，直到创新成形为止。

一个与"线性模型"相关的错误观念是，认为在历史尺度上，必须首先进行基础科学研究，然后才会有科学发现，再然后才会实际应用，但实际上科技史很少按照这种顺序发展。远在人类对金属的分子结构有所了解之前，古代的冶炼工匠就已经凭借经验制作出了精美的青铜器和大马士革钢。现代冶金学的发展是后来的事情，这是因为对于更高效制造用于更精密用途的金属的需求不断增长。迈克尔·赖尔登（Michael Riordan）和莉莲·霍德森（Lillian Hoddeson）的著作《晶体之火》（Crystal Fire）引用了英特尔的联合创始人和前 CEO 戈登·摩尔（Gordon Moore）的观点：并不是先有科学变成技术再变成产品，而是先有技术然后才有科学跟随着技术而来。

当然，线性思维有其适当的用途，但为什么它在重要事项上总是不准确，而且存在明显的证据与之矛盾呢？这本身就是一个有趣的谜题，其答案可能源于我们作为工具使用者的人性。无论是过去使用安有尖锐石头的木棒杀死猛犸象，还是今天使用互联网在全球范围内搜索信息，我们生活中大部分的重要任务都是通过有意识地使用工具来实现预期结果的。因此，我们的基本思维方式自然而然就是因果关系。从这里可以看出，明确因果的线性关系会被硬编码到我们的思维中，使我们本能地倾向于将非线性模型想成线性模型。

不幸的是，关于创新过程的这些观念往往会给我们留下一堆或半真半假的、或错误的、或令人困惑的术语的混乱局面。因此，为了捋清思路，统一术语，我们下面正式提出一个新的创新过程模型。如果我们能够准确且广泛地定义好这些术语，我们将可以达到仅用几个简单的术语就能概括大量复杂性的目的。

创新过程新模型：三个基本要素

我们前面已经强调过以下事实：一个好的创新过程是高度迭代的，我们也进一步阐述了它需要在三个关键要素之间进行反复迭代。下面我们采用三个正式名词来定义它们：**技术要素、市场要素和实施要素**，这三个要素可以被视为三个基本的创新要素，就像土地、劳动力和资本曾经被视为生产力三要素一样。

在我们阐述迭代这一动态过程之前，我们需要更充分地解释每个要素的含义。我们可以通过在旧的线性创新模型和新的创新过程模型之间建立逻辑理解桥梁来实现这一点。请记住，线性模型作为一种事后叙事记录可以有其效用，但它并没有描绘创新实际上是如何发生的。我们再看一下线性模型：

发现 → 发明 → 开发 → 产品 → 市场 → 利润

虽然创新过程极少会如此有序地逐步进行，但从该模型所描述的每一步分解开来单独看，它们通常都参与了创新过程：经过"开发"之后我们会进入"产品"阶段，以此类推。而且对于每一步来说，其右侧的确实是我们所期望的结果，它们与其左侧的有本质上的不同。因此，在记住创新过程是以迭代循环方式而非直线方式进行的前提下，我们可以将上面新提出的三个基本要素大致映射到线性模型的不同步骤上，如下所示。

- **技术要素**（或简称为"**技术**"，Technology）：新模型中技术这一基本要素，可以映射到传统线性模型左侧的那些项目。它包括创新想法的以下方面：那些通过科学方法可以客观地验证的创新想法，即所有可重复使用的构造、公式等，那些最终能够"在市场中实现具象化"的创新想法。
- **市场要素**（或简称为"**市场**"，Market）：映射到右侧的那些项目。它包括将会使用创新的人们，他们可以从中获得好处，因使用创新他们将会改变行为，且他们愿意支付给创新企业利润。这里我们处于所谓的人类因素领域，这些因素在一定程度上是可测量的，但不是那么可预测或可客观地验证。

- **实施要素**（或简称为"**实施**"，Implementation）：包括为将**技术**和**市场**这两个要素连接起来所需要做的一切，将创新想法的技术要素推向人类领域的市场要素。它包括为了使创新在现实中实现功能所需的一切，从生产的形式和方法到交付的形式和方法等。

任何定义和区分都很难做到绝对的完美，因此我们上述对要素的描述和定义中自然会存在灰色地带。但基于作者的长期经验，这三个是最能有效地概括创新者在其创造努力过程中必须处理和平衡的许多不同问题的基本要素。

下面我们将对这些要素进行更简洁的定义并用实例加以说明，一切将变得更清晰。让我们依次来看每个要素。

技术要素：包括**能够使创新想法存在并使其得以实现的任何新技术或现有技术**。这个定义值得更仔细的分析，因为在日常使用中这个术语很容易被过分简化。当一种新产品第一次出现在市场上时，例如混动汽车或黑莓手机，人们会为获得"新技术"而感到兴奋。的确，产品本身会被正确地称为"技术"，它是一种机器、工具或设备。

但为了理解创新过程，技术要素的定义还包括构成创新的所有技术，包括所有组件和系统，这些组件的工程设计和最终产品的工程设计，以及为了实现这些设计和使创新想法得以以物理形式存在所必须获取的所有科学知识，往往以公式、方程式、计算机代码等形式存在。在开发一个创新的过程中，创新者必须获得这一整套技术。

上述定义的一个要点是，这些技术可以是"新的或者旧的"。例如混动汽车，我们认为它是一种创新，但这个创新中有哪些技术呢？你可能会说当然是它的新发动机或新电池，但是如果没有制动系统、通风系统、电气系统这些旧技术，我们能够正确地设计出新发动机和新电池吗？轮胎、车身部件和车窗玻璃等旧技术让混动汽车的新想法得以存在并实现。（如果是混动火车，会用到一系列不同的旧技术，也会创建出一系列不同的新技术。）对于混动汽车，你甚至可以回溯到对量子力学的理解，否则就不可能设计出控制电源分配的控制芯片中的数百万个晶体管。虽然电气系统设计师可以不懂量子力学，但混动汽车这个创新还是用到了量子力学这个知识。

事实上，许多创新都巧妙地重新启用了一些旧技术。谚语"不必重新发明轮子"是最为恰当的阐述，因为人们不断地为这项古老技术找到新用途：你的牙线盒上有一个轮子，电脑鼠标上也有一个轮子。我们发现，几乎所有创新都同时依赖旧技术和新技术。**在从产生想法一直到完成的整个创新过程中，"技术要素"的任务一方面是找到并采用有用的旧有技术，另一方面是识别并开发出所需的新技术。**

我们认为上述对技术要素的定义很重要，因为它不仅仅关注新创建的技术，还关注旧有技术。相对比，以前的"创新生产线"是聚焦在新创建的技术之上，因为以前的范式使我们能够有效地集中资源在新创建的技术上，新技术似乎是独自创造了新价值、商业收入和投资回报。实际上，过去这种有效聚焦之所以可能，是因为该范式使得下一个产品显而易见并贡献了许多所需的新技术或现有互补技术。进入新时代，不再有这样一个强大的范式，因此我们需要把很多旧技术都包括进来，以避免过早地限制我们成功创新的机会。

此外，基于本书中我们对技术要素的定义，这里不存在所谓的"技术相关"和"非技术相关"的商业或创新之分。历史上每一项创新都使用了技术，现在和将来也都将如此。以下是一个看似完全不涉及技术的例子。一位餐厅老板重新布置了就餐区的桌椅，认为这样可能会增加生意。她将两张餐桌拼在一起，并放在靠近前面的玻璃窗户的位置，以便让路过的多人团体可以看到并认为："嘿，这里有个能容下我们所有人的大桌。"一些小桌子则被移到远离其他桌子的角落，以营造出私密感。除此之外，她还进行了一些其他的改变。果然，生意变好了。这显然是一项创新，是将一个想法以有效的形式在市场上实现，人们可能会争辩说这个创新不涉及任何技术。"这个老板从事服务业，她仅仅只是重新摆放了一些东西来更好地为客户服务。桌子和椅子不算'技术'，因为她本来就已经拥有了它们，她没有添加任何东西。"

但是，桌子和椅子确实算是技术。这是用一种新的方式使用的现有技术。她开发的新技术是存在于她脑中的一种技术：桌子摆放的方法，这是该技术与以前不一样的地方。毫无疑问，这是一个朴素无华的算法，但它依然是一组可逻辑推导和几何表达的指令集，可被执行并达到预期效果，因此按几乎任何定义，它都是一项技术。

技术要素包括一切客观可验证的内容，包括所有科学和工程知识，自然也包括餐厅老板头脑中的算法。当然，对任何一个特定的创新想法来说，人类知识库中绝大多数内容从一开始就可以被排除出去，因为它们对该创新想法不适用。但对于许多创新来说，我们可能都需要构建一个广泛的技术网络，包括可适用的旧技术及可以创造的潜在新技术。

市场要素的定义为**任何新用户或老用户需要或渴望创新**。

我们明确包含"旧"市场，是要提醒自己不要只是专注于寻找或创造新市场。与技术要素一样，新与旧并不总是可以明确区分的，任何新市场都必定包含一些旧市场的内容。以 iPod 为例，一方面，我们可以认为 iPod 市场是一个旧市场，因为人们听便携式音乐已经很长时间了，或者用随身听磁带或者用便携 CD 播放器。从这个意义上说，我们可能认为它是一个很典型的"替代"市场——基于最新想法的创新产品在一段时间内逐渐替换掉现有设备——因为人们总是会因为新产品而改变其使用行为。为了使用 iPod，用户需要将他们收集的音乐集从 CD 迁移到 MP3 文件上。按照传统的旧市场思维，人们预计这种转变会是逐渐展开的，就像当初的随身听磁带最终被 CD 逐步取代一样。

然而，实际情况并非如此。尽管当初随身听取得了巨大的成功，但 iPod 的销售增长速度是它的两倍，不到五年就达到了 5 000 万台，然后保持在每年销售超过 5 000 万台的业绩。显然，这里有一些新市场或新市场行为，也可能是好几个。也许 iPod 的附加功能吸引了那些以前不考虑购买便携式音乐播放器的人。或者 iPod 受益于新时代可以销售给新时代的消费者，与旧时代的消费者相比他们更适应使用先进电子产品和音乐格式转换。或者，由于 iPod 被定位为儿童和青少年的必备品，许多年轻人都想拥有一个，以获得比物理产品更多的东西。也许所有这些以及更多因素都起了作用。

对于任何一项创新来说，提前评估其市场要素从来不是一门精确的科学。但进行详细评估是至关重要的，需要关注技术要素的性质是如何影响市场要素性质的，以及市场要素的性质是如何影响技术要素的性质的，等等。同样要关注的是，在创新过程中技术和市场两个要素可能会发生什么**变化**。这也是另一个迭代需要不断进行下去的原因，以保持要素之间相互最优匹配。

人们常常听到以下区分创新的方式：让用户能够做新事情的创新，让用户把已在做的事情做得更好的创新，用户以更低的价格做某事的创新。我们认为，基于这些标准对市场进行任何的事前**预判**都是不利于生产力发展的。一个能够成功地满足市场需求或期望的创新都将导致人类行为的改变，从而带来经济或社会效益。唯一客观的衡量标准是效益的定量评估，反映在有多少用户会购买这种创新以及他们愿意支付多少钱上。而在创新过程开始时，不论定量参数还是最佳目标市场都很难准确地事先预测。因此，**在创新过程开始时保持市场选择的开放性，我们可以增加创新成功的概率。**

对于一些创新产品来说，开发者从一开始就很清楚它们的价格无法低到销售给大众市场，但它们仍然可以找到可盈利的利基市场。高效叠层型太阳能电池就是一个典型例子：普通居民很少能够负担得起用于覆盖屋顶，但它们可以销售到国防和航空航天相关市场，其高性能值得支付高溢价。反之亦然，尽管人们很少注意到这一点。一些创新产品开始似乎注定最多只能成为专用产品，然而它们却取得了大众市场的成功。随身听磁带就是这样的一个例子。当第一款随身听在1979年发布时，许多人怀疑从市场的角度来看它注定要失败。这是一款没有麦克风或录音头，也没有内置扬声器的便携式卡式放音机，然而它的价格比一些具备这些"必需品"的标准便携式录音机还要高。谁会买这种东西呢？

实际上，在该产品的开发过程中，已进行了仔细的市场要素思考。在此之前，便携式卡带机主要是销售给商业用户和记者，他们用它们来记录会议或采访。随身听实际上是从早期一个名为Pressman的产品发展而来的，Pressman专为记者设计，但这个新的创新市场要素目标有所不同。随身听的市场定位为任何喜欢听音乐的人群，目标是为人们提供一个理想而又实惠的设备，让他们在外出时随时随地听音乐。到创新过程结束时，几乎每个功能都以服务于这一目标为导向进行了优化。剥离录音和扬声器功能使工程师们能够制作出一个高度紧凑小型的设备，以便于轻松携带，并具有超高音质的立体声耳机。通过一副小小的耳机传递声音，一方面音乐不会打扰别人，另一方面环境噪声也不会干扰音乐。如今，这一基本的设计配置似乎显而易见。但对于20世纪70年代的索尼公司来说，这是一次激进的转变，是从对市场要素的构成人群持开放态度开始的，然后越来越专注于市场要素的需求。

我们想强调的最后一点是，创新的潜在市场要素绝不仅限于终端消费者，虽然这点应该很明显。例如，市场要素可能嵌入一个产业供应链中，创新也许提供了更好或更便宜的组件，或改变了制造流程或交付流程。这种面向企业的创新仍然必须满足该市场客户的需求或欲望，其被成功采用仍然需要该业务运营人员改变行为，无论是采购经理、设计工程师还是制造车间操作员。尽管通常是供应链终端的用户直接从创新中受益，即可以使用更好或更便宜的最终产品，但情况也不总是这样。

实施要素的定义为用于使创新变成现实的任何新的过程或知识或者旧的过程或知识。由于技术要素定义在客观可验证的领域，而市场要素定义在人类领域，因此可以推断，连接技术要素和市场要素的实施要素可能同时具有这两个领域中的要素。找到将创新带到市场并盈利的正确商业模式就是实施要素的一个例子。产业结构、供应链、制造流程、市场交付渠道、产品定价策略、业务管理结构等都包括在实施要素中。

用于将发明申请为专利的法律程序和知识也是将技术要素转化为人类领域的过程，以保护发明并在需要时允许进行专利许可。因此它们也是实施要素的一部分，因为它们有助于使发明在市场上得以实施。实施要素与技术要素和市场要素的交互关系是复杂的。例如，制造工艺可能需要额外的新技术或现有技术，而交付渠道可能需要根据新市场或现有市场知识进行更改。

虽然无法列出构成实施要素的每个内容，但在整个过程中有一个至关重要的量化指标——成本。市场要素对创新的需求或欲望具有有限的估值，即它可能支配的价格。对此做出事先评估可能很困难，不过我们还是要再次陈述显而易见的逻辑：实施要素将创新交付给市场要素时必须始终以低于估值的成本进行交付。

同时，虽然人们往往认为创新就是将一个新形式的技术要素引入市场要素，但创新也可以是聚焦在实施要素空间，通过提供新模式的实施要素，也是可能产生巨大影响力的。台积电公司（TSMC）创始人张忠谋就是一个典型例子。他出生于中国台湾地区，在20世纪50年代移居美国，经历了半导体产业的诞生和早期发展阶段。他在1958年加入得克萨斯州仪器公司，当时正是该公司的杰克·基尔比（Jack Kilby）与其他同事共同发明"集成电路"的时期——将众多晶体管和其他电路元器件刻进芯片中的制造技术。这当然是一个巨大的技术要素进步，很快被人们开发起来。

当时还不是张忠谋做出重大贡献的时刻。他所在的得克萨斯州仪器公司一路上升，一直到20世纪80年代，它已是全球最大的芯片制造商之一了。当时该行业的垂直整合程度依然很高。生产链的初始部分已经开始外包给材料供应商，后者生产出用于制造芯片的片状硅"晶圆"。但是当时像得克萨斯州仪器这样的大公司依然是既做芯片的电路设计，也做芯片的制造——将晶圆加工成芯片并切割成品。后者非常昂贵，是重复性高、精度要求也很高的工作，需要芯片制造工艺线，其成本当时大约在十亿美元。

张忠谋注意到，仅在得克萨斯州仪器公司，其芯片电路设计师就有更多的新想法去满足更多的潜在市场需求，但这已超出了这家公司芯片制造工艺线的产能。其中一些设计师团队已经离开得克萨斯州仪器公司开始创业，他们在寻找愿意并且有能力的制造商制造出他们设计的芯片。张忠谋看到这可以成为一种有用的商业业务。他回到台湾，担任了一个工业发展的职位，这使他得以筹集到所需的投资资金，并创立了台积电公司。这是世界上第一家大型"硅晶圆代工厂"，专门为设计师制造芯片。

台积电装备了复杂的设备，但它很少需要开发新的技术要素。从晶圆代工厂的核心功能看，它是为其他人的新技术要素服务的实施要素，这彻底改变了全球行业。随着台积电公司获得利润以及其他硅晶圆代工厂的出现，新芯片设计领域的进入壁垒急剧降低了。你不再需要自己的制造工艺线；你只需要足够的资本来组建一家"无晶圆厂半导体公司"，这种公司现在在全球范围内有很多家，它们为我们每天使用的产品设计出很多芯片方案，并通过商业合同模式让台积电这样的代工厂为它们的设计制造出芯片来。

这个故事的要点简单明了——实施要素非常重要。由于人们如此关注新技术要素和新市场要素的培育，很容易忘记实施要素是可以改变世界的。

最后一个要点：由于实施要素包括了将创新交付市场所需的所有商业业务流程，因此我们应该澄清实施要素和创业精神之间的关系。实施要素并不需要创业精神，因为只有少数创新是由新成立的公司推向市场的。在过去的15年期间风险投资界不合理地将创新的实施要素与创业精神联系起来，但这种混淆对两者都没有益处。创业者对任何经济体都非常重要。在许多情况下，初创公司是将某一特定创新推向市场的唯一合适途径，同时我们也应该记住每个现有公司都曾经是一家初创公司：如果当初没有创业家创办它们，它们就不会存在。

但是，一些创新需要的资源超出了初创公司的能力范围，例如巨额投资或很高的市场准入，许多渐进式的创新是由现有企业完成的。虽然能够实现真正盈利的初创公司已经成功执行了一定程度的创新，但大部分创新过程大概率是在公司成立之前完成的。成功的创业精神需要利用创新，因为创业阶段包括了创新过程的最后步骤。这两者的重叠交集我们将在后面的章节中详细讨论，但就这个定义而言，实施要素不应等同于创业精神，反之亦然。

迭代过程

在了解了创新的三个基本要素后，我们来看看基于这些要素的迭代过程。对于任何创新（你可以想象任何你喜欢的创新例子），我们都需要找到**合适的技术要素**，以**合适的实施要素**方式，满足**合适的市场要素**需求，以将创新想法变成一个盈利的业务。那么，我们应该如何以迭代的方式把每件事情做对使之刚好"合适"呢？

这个问题会变得非常复杂，因此我们将以下面四种方式逐次递进地进行阐述和解释：

- 第一种方式，我们把创新过程类比为我们更熟悉的，而且几乎所有人都经历过的问题解决过程。
- 第二种方式，以逐步描述迭代创新过程的方式，用普适性的同时也是严谨的概念性术语进行描述。
- 第三种方式，在本章和下一章中，通过三个假设案例来阐述该过程。这些假设案例的素材来自真实世界，但经过了简化，将各个实际案例的部分进行一些组合或改编，目的是展示简化版本的创新过程。
- 第四种方式，在第五章中，我们将深入分析一个颠覆性创新的真实案例，包括其真实故事中的所有细节和特点。

在这一阐述中，我们还将描绘一个更大的画面，为最后几章探讨美国的创新体系以及它如何支持或未能支持迭代创新过程做准备。不过我们不必操之过急，我们首先需要清晰地了解这整个迭代过程。

为了强调创新过程的要素，我们简化了到目前为止我们引用的创新实例故事，包括 iPod、随身听和台积电。我们尚未触及将这些创新想法转化为最终形式所需的多个迭代过程。为了阐述这些迭代过程的重要性，我们先从第一种方式中的类比开始。

迭代创新过程就像是大型的拼图游戏。假设你最近有了一个创新想法。这就像是你带了一个拼图游戏盒子回家，盒子上的图片显示了拼好的完整拼图应该是什么样子，这相当于如果你把创新过程完成并交付市场成为一个营利性商业业务的一部分时，这个创新产品应该是什么样。这张图片可以是一幅美丽的自然景色拼图，它将是你开始创新过程或拼图游戏的指导。

拼图上的前景是一片鲜艳明亮生机勃勃的草地，这是你的技术要素：所有新的和现有技术汇集一起，百花齐放，使你的创新想法得以存在并实现。

拼图的远方地平线上是一片密集的森林，这是实施要素：所有你可以用来将创新想法转化为现实的新的和现有的流程和知识。

草地和森林上面闪耀着一片蓝天，这就是市场要素：每个对该创新有需求或渴望的新的或现有用户群体。

这是一张很大的拼图。为了有序地拼图，你把盒子里所有图块都倒出来，再根据颜色把它们分别装到三个桶里：技术要素、实施要素和市场要素各一个，每个桶中似乎都有数千个图块。你已经意识到用线性方式是不可能完成这个大型拼图的。相反，你需要尝试很多个图块看看它们是否可以相互拼在一起，然后先把它们放在一边，再继续尝试下一个你认为可能可以相互拼在一起的其他图块，以此类推。

但创新过程要比这复杂得多。第一个挑战是这些桶中最初包含的图块数量要比你能够使用的多得多。这很自然，因为在创新的早期阶段，没有人能够确定哪些技术要素、实施要素和市场要素图块能够拼在一起才是最好的组合，因此开始时有各种可能性是件好事。你可以通过确认哪些图块不属于这个画面来迅速地排除其中一些图块。但是你仍然面临着相当大数量的图块，它们看起来都"势均力敌"，你无法判断你是否需要用到它们。

第二个挑战是，印在拼图盒子上的指导性图片完全不清晰。由于它只是一个想法，图片非常模糊，特别是在技术要素、市场要素和实施要素之间的交界处。这令人很焦虑，这比普通拼图游戏的情况更难，因为普通拼图在交界处的对比度往往是最清晰的，普通拼图图片也不会有令人惊慌失措的特性，它似乎在不断移动和摇晃，让你感到图片中的某些部分与上次看到的相比在尺寸或位置上都发生了变化。

第三个挑战也是最重要的挑战：很多图块的形状也没有被定义好。它们可能具有与其他图块相匹配的颜色和图案，使它们看起来是逻辑合理的选择，但是它们的形状不对，使它们无法插入拼图中。更糟糕的是，那些应该放在图片外边缘的"框架"图块，它们原本应该起到对整个图片进行界定和约束的作用，这样才更容易引导其他图块填充到拼图中。但因为这些"框架"图块的外围没有明确的直边和直角，所以你甚至无法确定这个图块的边界是什么！

它们边界不清的原因可能有两个：有些图块边界不清可能是因为你还不完全了解它们，也许当你了解更多之后，就会发现它们合适或者不合适；还有一些可能只是图块的"原始"素材，比如尚未开发的技术，你可能可以将其塑造成所需的形状，虽然其可塑程度有限，不能任意地塑造。

所有这些挑战都对应着我们开始创新过程时的技术要素、市场要素和实施要素，以及创新想法本身所具有的内在的不确定性。这就是为什么创新过程的难度会远远超过找到一个要素组合的难度，尽管找到一个要素组合这一任务本身通常已相当令人生畏。

面临这些挑战时，人类还具有创新能力的关键在于**学习能力**和**抽象能力**。这两种人类能力赋予了不确定性第二张面孔：自由度，即为达到我们所追求的结果所需的自由度。创新过程通过这两种能力不断地进行迭代。我们"模糊"的初始创新想法只是一个大概、可能的抽象概念，但即使是在这个大致的抽象层面上，我们也可以去探索可能的技术、实施和市场应该具有的关键特征，以推测基于我们想法的创新是否有可能存在、是否有效。

这个初步的可行性评估是创新迭代过程的起点。我们首先应该关注开始时对我们创新想法有最大风险的那些要素（技术要素、市场要素或实施要素），这相当于关注具有最大不确定性的类别——或者因为我们对它不够了解，或者还没有人了解。不论哪种情况，我们现在必须去学习这个类别中的组成部分，学习它们可以如何相互组合以展现出我们创新想法的大致特征。回到拼图游戏的比喻中，这就像把可能属于拼图的一个特定区域的那些图块排列组合出来，并评估我们是否有足够的图块数量：理想情况是比我们认为最终需要的图块数量更多。如果不够多，那么我们需要在最初考虑的范围之外去寻找更多的图块。同时我们还需要更好地研究图块的形状，评估哪些图块在什么程度是可塑的，以便对于它们是否能够达到令人满意的匹配程度有一个大概的了解。

通过这种在实际构建之前进行的进一步了解，我们可以将我们的学习抽象为该类别可能具备的一系列特性。在降低了该类别的不确定性之后，我们再有目的地转向下一个不确定性最大的类别，然后再转向下一个类别，直到最后一个不确定性。通过对这些类别的反复学习和抽象的过程，我们可以判断我们的创新想法是否能够成为现实。

通过学习每个单独图块，我们增加了知识；通过抽象出有利于实现相互匹配的特征，我们提高了信心。通过对技术要素、市场要素或实施要素持续迭代，我们不断地进行学习和抽象。不过这一次，我们将更加关注每个类别中的子部件，关注他们是否也可以匹配在一起。通过上述进一步增加的知识和信心，我们这时可以判断该创新是否可行，是否值得去进一步推进。

在这个过程中，我们将会发现有必要修改调整我们的创新想法使其更适应于我们的学习，以最大限度地增加成功机会。通过不断的迭代过程、不断优化的学习过程、不断优化的特征抽象过程，同时不断地进行创新想法调整，我们将得出结论：我们创新要么是不可能成功的，要么有一些小的成功可能性，然后逐步变得更加有可能，可能性不断递增。这一持续不断的学习和抽象过程，是为了降低风险并增加成功的可能性，它构成了非线性迭代创新过程，将创新回报最大化。

与之相反，将精力集中在一个要素类别的开发中而推迟其他类别的进展，但却期待它们在今后某个时候能够很好地匹配在一起，这种做法没有充分利用迭代学习和抽象过程所赋予的自由度。如果没有从一开始就对技术要素、市场要素或实施要素进行不断的迭代，很可能会陷入类似于试图将正方形的木棒插进圆形洞里的困境。请注意，我们上面描述的非线性迭代创新过程与人们的普遍认识相反。人们普遍认为技术要素的进步是在一个独立的研发环境中进行的，没有任何外部的输入，直到一个偶然的发现或发明出现后，才去探索市场要素和实施要素。由于人类有兴趣探索的科学与技术是无穷多的，如果没有其他外部输入，我们刚好在研发某一可能导致创新成功的特定问题的概率是非常小的。

随着我们不断推进创新迭代过程，所需学习的性质也会发生变化。开始时，需要学习的范围很广。我们试图了解事情的全貌：应该考虑哪些新的和现有技术、哪些新的和现有市场，以及哪些新的和现有实施要素的知识和流程，以最大限度提高创新成功机会。我们还需要快速填补我们知识上的空白，并获得足够知识深度来准确地抽象出相关的特征并评估相应的风险。这通常可以通过学习和关联从科学文献和市场调研中找到的现有知识，以及类似行业的运营和财务特征的分析报告来完成。基于这些现有数据进行推断，加上完善的初步估算，往往可以做出很好的可行性评估，从而能够做出快速而低成本的决策。

随着创新迭代过程的进一步推进，我们需要更深入的学习。如果创新涉及新技术、新市场或新实施要素，显然我们需要通过相关领域的实验方法获得一些新知识。实验方法有很多，科学实验室实验、原型设计、制造工艺模拟、定量商业分析、直接市场调研只是其中一些。

更重要但也是常常被忽视的学习是，需要针对**技术要素、市场要素和实施要素之间的关系**进行"实验性"学习，尤其是在创新的早期阶段。基于我们的创新想法，我们往往对许多事情有自己的假设：技术要素可能会如何被市场要素所需要，技术要素可能会如何被实施以及可能会采取什么形式，实施要素的成本与市场要素的价值之间的关系可能是怎样的，可能会存在怎样的市场要素交付限制。然而，现有的数据极少可以用来评估跨类别之间的关系，只有通过**直接的业务性经验**才能获得洞察力，这通常可以通过与专业人士交流来获得。例如，与制造经理谈论他是否担心某事项以及他在多大程度上会重视相应的改进方案，这样的交谈可以快速确定我们之前关于创新想法的一些假设是大致正确的还是偏离事实的。相比而言，多数情况下我们的假设是错误的，上述直接反馈将可以或者在早期就宣判其无效，或者将它引导到真正有价值的地方。

上文我们使用"业务性经验"这个术语，而不是用"征求意见"之类的术语，是因为随着时间的推移，这些交流中潜在和实际的商业业务将会显现出来。与其问潜在的用户他们是否认为一项创新有价值，不如直接邀请他们参加一个试验产品的现场测试。在与潜在供应商的交流中，可以讨论生产零部件或提供服务的具体细节，等等。**任何一个阶段的目标都是寻求真正的反馈，而不只是推测性的反馈，并以尽可能少的（自己或他人的）资源来消除尽可能多的不确定性。**最终，在与潜在的供应商或客户谈判真实合同的过程中获得的经验（例如，在合作开发协议的背景下交付测试批次）提供了一些最真实且富有指导意义的反馈。有如我们一直强调的，这里的精髓是，基于真实的目标不断向前迭代。

两种假设情景

现在，我们已经理解了对迭代创新过程的概念性描述，接下来将通过两个截然不同的假设案例来说明迭代创新是如何展开的。第一个假设案例是我们前面提到过的餐馆老板。

她通过调整餐厅的布局，提高了营业收入。（顺便说一句，这在咖啡行业绝非前所未闻。星巴克等公司开创的整个咖啡店现象，就是以提供宜人的环境为基础来实现销售，而非以直接出售咖啡为基础。）总之，我们的餐馆老板渴望开拓新的领域。她位于66号公路旁边的小镇餐厅已经针对当地顾客的偏好进行了优化并成为小镇上最受欢迎的餐厅。但生意尽管很好，却已达到饱和。老板脑中时常冒出一些更遥远的新想法，但由于无法在当地实施，这些新想法就只是想法而非创新。创新需要对技术要素、市场要素和实施要素中的更多不确定因素进行实验。

餐厅老板削减了自己的薪水，以便雇用一名经理，让现有的餐厅和业务模式逐步发展。她知道在80千米外的城区存在潜在市场，但她对该市场没有确切的了解，因为从未在那里开展过业务。因此，她阅读行业文献，与业内朋友交谈，直到获得了足够多的有用信息，使她可以在这个新地点开始一些基础的业务尝试。但对于她想尝试的一些特定事物仍然存在着很多未知。例如，她原来餐厅中的一些农村特色菜肴，在城市人群中还会受欢迎吗？她也想知道其他一些菜肴是否可行，同时也在寻找合适的烹饪技术来准备这些菜肴。

她在城市地区租了场地开设了新餐馆，按照她在农村地区运作良好的布局设置了新的餐厅，但也根据对城市地区很重要的一些要素进行了必要的调整。她引入了符合城市人期望的服务观念和停车安排；她规定服务员的服务时间，以确保顾客得到及时的关注。其中一些新安排，她的假设是准确的，而另一些新安排她也需要进一步调整和修改。她从小镇餐厅带来了一位经验最丰富的厨师，他的一些主要菜品填补了新市场上的空白，这是她所希望的。

虽然她很快就吸引了一批喜欢这些特别菜品的忠实回头客，但餐厅的运营似乎陷入了两个极端：晚上有两小时过于繁忙，但在其他时段员工和设备基本上都闲着。她意识到这种差别与她的顾客大多是早客人群有关，他们提早来用晚餐以便之后再去其他地方欢度快乐时光，因此她雇用了一位擅长服务这类早客人群需求的快餐厨师。她督促为提前用餐的早客人群创建专属他们的新菜谱。尽管她前期做了研究，但这是一个她以前不知道的独特市场。克服了一些初期的困难后，她的乡村主厨与快餐厨师相互合作，创建出一个城乡特色平衡的早客人群独特晚餐菜谱。这不仅弥补了营业收入现金流的不足，还成为该餐厅的最大卖点。

与此同时，她也意识到最初的地点选择并不是最理想的，尽管目前地点也不算差，盈利也不少。因此，随着对大城市市场的认识不断增加，她在一个更好的位置租了场地，开设了她的第二家城市餐厅。这家餐厅也做得很好，尽管它需要一些额外的调整以适应当地不同类型的客户群。例如，在该新地区外卖很受欢迎。后来，随着多家餐馆呈现出更多业务增长的前景，她发现她需要采用比以前更有效的方式来经营整个业务。最终她通过多种方式实现了这一点：无论是在城市餐馆里还是在最初的小镇餐馆里，新设备都发挥了作用；对各个餐馆的关键员工和他们的职责进行一些优化调整，实现了更好的人员分配和创意想法的相互交流；此外，由于多个餐馆之间有许多共同的物品，供应链也发生了变化。至此，曾经是独立的几家餐馆，现在真正成长为一个企业的组成部分。

接下来，让我们看看第二个例子。它同样是一个假设的案例，但其素材是基于那些真实的经验。在这个案例中我们的创新者是麻省理工学院的一名博士生。作为美国最好的本科和研究生大学培育出来的博士生,他开发出了一种效率高达 50% 的太阳能电池新技术,而当时市场上大部分太阳能电池的效率在 10%~20%。这位学生非常兴奋,在学校走廊上的风险投资家也兴奋不已。他根据在大学实验室的制造工艺对制造产量等要素进行了估算。自己没有管理经验,他从企业招聘了有初创公司工作经验的高科技行业管理人才。在一片喧闹声中,他的公司宣告成立了。

起初,一切似乎都在按计划推进。从原来学校里的技术研发扩展到初创企业的过程也很顺利。客户们对此很感兴趣,因为公司成员已经在私下议论以当时的市场成本提供效率高达 50% 的太阳能电池。然而,随着技术产业化过程的不断推进,他们意识到之前某些假设是不成立的。除了 50% 的效率之外,客户还要求一些其他特性,这与他们制造太阳能电池的工艺不兼容。此外,最感兴趣的主要客户是一家在屋顶上建造太阳能电池的公司,而所有现有供应商提供的都是完全集成好的太阳能电池标准模块。而这些技术和能力都是这家新公司所没有的。

经过制造工艺的调整并投入资源生产模块,公司开发出来的第一批太阳能电池的待售价格比预期更高,但效率只达到30%。曾经购买过大学实验室制造的太阳能电池测试样品的那家原始客户，现在在市场找到了更好的替代品，因此选择不购买他们的产品了。但好消息是，另一家公司对这个新产品非常感兴趣，因为这个新产品比市场上其他30%效率的电池更轻。不过这个新客户还需要一些其他功能，因此制造流程需要更多的修改。最后，经过七年的努力，并在投入了比风险投资者和该博士生最初设想的更多投资资金之后，这家公司发展成为有正现金流和光明前景的企业。

以上两个假设案例都展示了通过迭代创新过程实现成功的过程。在餐厅的案例中，关键的创新是在城市环境中创建一个稳定的餐饮新业务，然后以其为平台进一步构建新业务。在技术要素、市场要素和实施要素之间的迭代过程不断地进行着，它们中的每一个不同要素都在不同阶段发挥着作用，并彼此交织。在最初阶段，城市环境下的市场要素被评估，并相应地部署了技术要素——包括一些现有的和新的餐厅布局和运营算法，以及一些现有的和新的菜谱。这些都是在实施要素框架下完成的，包括租用场地、招聘和监督新员工，从原来的小镇餐馆调来一位厨师老员工等。

随着不确定因素和未知因素被逐步解决，在后续阶段中做出了许多微调和修改。随后，一个市场要素领域的重大未知因素出现了——大量来用晚餐的早客人群的问题。这个问题通过实施要素（雇用快餐厨师并让他与乡村主厨合作）并最终通过新的技术要素（开发出深受欢迎的早客专属晚餐菜谱）来解决。在所有要素中，都有微小的失败和困难不断出现，而且并非所有困难都可以以零代价或很低代价通过智力学习和抽象得以解决。以获得学习和消除不确定性为目的的"业务性经验"是需要付出一定代价的，在实际操作过程中通过不断试错付出代价，但其中没有任何一个是需要付出真正高昂代价且是有方向性错误的，这正是我们前面所说的最大好处。这是从一开始就正确地针对三个基本要素（**技术要素、市场要素、实施要素**）之间的关系进行迭代的最重要好处。很明显，这就是餐厅老板所做的，我们看到她不断努力将这些要素相互对齐。

相比之下，太阳能电池的案例在开始时就没有那么顺利。在这里，我们的博士生是一位聪明的发明家，但也是一位不成熟的创新者。他和他的投资者似乎犯了一个的典型的错误：对技术要素过于着迷。仅仅根据技术要素中的一个方面（50%的高效率），以及对如何扩大制造工艺规模的估算，就在早期承诺投入大量资金和资源。虽然太阳能的市场要素似乎是确定的，但在这个市场中的实际业务交易揭示出它有许多细分市场，有许多不同需求。更糟糕的是，在公司成立后的第一个业务性接触中，提供给市场的第一个承诺后来发现是公司无法兑现的（同样的 50% 高效率，低成本）。

在实施要素方面也出现了意外，从难以扩大制造工艺规模的问题到得知一个关键客户需要以集成模块的方式交付太阳能电池产品的问题。由于各种疏忽，先后投入的资本远远超出了预期。但值得称赞的是，创新者找到了正确的轨道，并很快开始在技术要素、市场要素和实施要素方面进行迭代，以满足各种意想不到的要求。虽然创新的表现并不如最初所期望的，但 30% 的效率仍然是不错的。公司发展成为正现金流且拥有光明前景的企业，这是很多高科技初创公司未能达到的里程碑。最终，这家初创企业找到并解决了不确定因素，没有让这项有可能是影响力很大且可盈利的创新陷入困境。

示意图视角

以上是假设的案例，但就创新所面临的挑战类型及如何通过迭代创新以产生有用的结果而言，它们比大多数新闻报道和历史叙事记录的创新都更加真实。

让我们假设太阳能电池的创新最终获得了巨大的市场成

功,那么它将被如何记录?它会被记录成一个线性化的故事,类似于以下内容:一位 MIT 学生研发出了一项关键性的太阳能技术→主要投资者和公司管理层找到了正确的市场机会→公司创造了高达多少美元的价值。尽管这在某些层面上是有价值的信息,但这种记录没有揭示出创新的真正过程和运作方式。

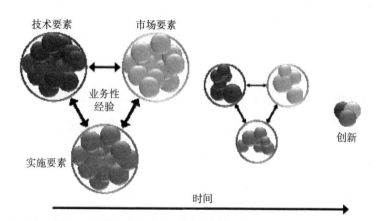

图 2-1:创新需要在技术要素、市场要素和实施要素之间不断迭代。创新越具颠覆性,每个类别中的不确定性就越大,收敛到最终的成功形式所需的时间就越长

我们试图在图 2-1 的示意图中描述这个迭代的创新过程。技术要素、市场要素和实施要素各包含了大量的组件和选项,它们也许都有可能为把一个想法转化为真正的创新做出贡献。图中圆圈的大小代表在这个过程中的特定时期每个类别中存在的不确定性的大小。大的不确定性意味着风险高,但也意

味着选择更多。例如，在离最终市场最远的时候，技术要素的圆圈是最大的，由图2-1中的许多"大球"组成。我们可以将这些大球想象为许多基础性的科学，或者新技术或现有的技术。每个类别中的初始不确定性取决于创新想法的性质。渐进式创新开始时的不确定性较小，迭代所需的时间也较短，而颠覆性创新的特征则是所有三个类别的初始不确定性都很高。随着我们在技术要素、市场要素和实施要素之中进行迭代，我们对每个类别的学习，特别是对不同类别之间匹配与否的学习，将不断帮助我们减少风险和提高成功的可能性；这些学习可以通过业务性经验来高效获得。随着迭代过程的推进，每个圆圈中大球的数量会减少，意味着很多选项经过测试后发现无效而被移除。在创新中，技术要素、市场要素或者实施要素中的一些失败，将为其他类别的要素提供反馈信息。

由于技术要素、市场要素和实施要素相互依存，因此只有通过在这些要素之间不断迭代，逐步改进萌芽中的创新，才能找到解决方案。如果从财务的角度每次失败的规模足够小且能快速地从失败中吸取教训，创新就能实现。否则，如果代价太大，潜在的创新和投资创新的机构就可能会失败。因此，创新过程需要连续的失败，但随着时间的推移，其失败的严重程度逐渐降低，并最终收敛成为一个最优化的创新实施结果。

上述这个创新过程模型并不依赖于任何特定环境或培育该过程的其他因素。我们这个模型的与众不同之处在于，我们首先在基础层面上定义了核心创新过程。而宏观环境和有助于或会干扰创新过程的"养分"则可能随时间而变化。大多数文献中的其他创新模型都没有深入如此基础的层面进行描述，因此它们往往集中于表面症状或当时主流的宏观环境系统的影响（例如风险投资融资），这使我们无法去理解创新过程本身的核心要素。

使用一个比喻，图 2-1 中的迭代创新过程相当于描述一棵树生长的生化过程。如果我们聚焦于水、土壤、空气等因素的影响，就像其他创新模型所关注的那样，我们肯定可以建立起这些"养分"与树木生长之间的某些关系，但这实际上并不能告诉我们关于树的本质及其生长机理的任何信息。我们要首先了解树本身，才可以更准确地建立起不同养分组合的效应。

下一章将更深入地介绍创新的核心过程，并将其范围扩大。我们将讨论创新者需要培养和运用的个人素质，以及阐述这些素质如何在一轮迭代中就可以发挥出良好作用的一些细节。

第三章

一位创新者的一次迭代过程

在过去，当任何领域出现了伟大成果时，主流的观点是，那是天才完成的，他们拥有我们大多数人所不具备的特殊天赋或品质。进入近现代，人们的观点有了微调。很显然，有些人具有某些天赋，他们特别适合演奏音乐、拿手术刀或创新；但同时也很明显的是，人类的许多能力是可以培养和发展的，将这些能力与专业知识相结合，将更有效地执行各种任务。

本章中我们将着重探讨迭代创新所需的那些个人能力组合。我们将阐述一位创新者，是如何通过把技能和知识的最佳组合带到行动中，从而做到仅在一个迭代周期内就大幅度地修改和推进一个创新想法的。聚焦个人创新者会引导我们对创新团队和好的创新环境进行观察。不过我们必须记住一个事实：创新是由人决定的，而不是环境或系统造就的，因此每个人都很重要。

一般而言，我们都认为创新过程需要至少有一个人具备"创新能力"。创新能力究竟指的是什么呢？显然，它是指这个人具备能想象出事物"可能会是什么样"的能力，而不是观察"现在是什么"的能力；它还意味着超越了只是空想（无用的白日做梦）的真正想象力。我们对创造性思维更精确的描述是，"在现实的环境中，能够构想可能性、能够推测充满不确定性的未来、并选择如何为期待的结果往前推进的能力"。

这听起来对创新者的要求很多，事实确实如此。创新是艰难的。上述描述暗示着，任何领域过窄的专家都可能难以在创新中取得成功。事实上，这一描述也表明广度和深度同样重要，因为广度对于"构想可能性"是必要的，而深度对于"在现实的环境中"构想可能性是必要的。因此，创新所需的"全面性"能力，包括**学习和处理技术要素、市场要素和实施要素相关领域的思维敏捷性**。一个有智慧和能力去培育"有准备的头脑"和处变不惊头脑的人，是可以学习和掌握上述能力的。

下面我们将描述一位"单打独斗"的创新者的例子，看看她掌握这些能力之后可以带来什么回报。与上一章类似，

第三章 一位创新者的一次迭代过程

我们在这里虚构了一位具备综合特质的创新者，并将她放在了一个本书作者们有很多个人经验的情境中。

这位创新者是一名工程师，就职于一家科技制造业公司。尽管她的工作让人满意，但她一直在寻找一个她可以牵头领导的好的创新想法，并将其打造成一项可以由初创公司推向市场的创新。最近她找到了一个看似正确的创新想法。她是从一位相关行业的朋友那里获得的灵感。这位朋友在一家生产一种主流关键设备系统的公司工作，他抱怨一个特定零部件成为整个系统的瓶颈。目前这种零部件的产量非常低，因此非常昂贵。此外，这个零部件的性能变异大，导致系统组装时产生了高昂的测试成本。如果有办法能解决其低产量和性能稳定性问题，就可以打开系统的设计窗口。

我们的创新者认为她找到了一个办法。由于她对这个确实是臭名昭著的零部件有一定的了解，她快速地从朋友和其他地方获得了一些关于其设计和性能问题本质的更多细节。果然，似乎有一种更便宜的方法来制造质量更好的零部件。

现在需要进行初步的可行性评估。此时我们的创新者还不可能知道或理解与她的想法相关的技术要素、市场要素和实施要素的所有实用知识，但她可以学习。她集中精力研究她认为初始风险最大的领域——技术要素，并试图找出需要考虑的因素。为了不浪费时间和金钱重新发明轮子,她需要找到可以为她设想的创新特征做出贡献的现有技术,即使只是部分技术。她的行业经验让她对其中一些技术已经非常了解,但还有其他的一些需要攻克。她的工程背景使她能够思考其他这些特性实现的方式,以及它们在其他领域中的应用可能性。

她审查了在相邻及互补的竞争行业中相关技术和应用的技术规格,并分析了哪些是可以从供应商那里获得的。虽然她无法获得所有她想要的信息,但目前阶段这已经足够了。凭借她的工程师知识,她可以基于自己所知的信息去初步推断,评估现有技术要素组件的相关性。然而,她认为还需要一些其他组件,她确信并不是她没有找到,而似乎这些技术组件目前尚不存在。

她可以设计并制造出这些技术组件吗?借助她在科学领域所受的教育,她现在回到第一性原理,计算出在不违反物理规律同时在指标上没有数量级误差的前提下,是否可以达到组件所缺的特征指标。当然,她已不记得所有的方程式,但她在旧教科书中找到了它们。她的计算并不完全准确,因为更高精度的计算需要更细致的工作以及一些她目前还没有掌握的信息。但目前的计算已表明这件事情有充分的运作空间。不过她也已经看到了有些指标的实现即使可能也将非常不容易，但那可以留待以后去处理。

技术要素的分析提供了足够的选项，并且也没有看到绝对的障碍，对此她有信心，因此她决定转向市场要素方面，因为这领域似乎是下一个风险最大的领域。这个转变在内心上是很难的，因为她在技术要素方面已经有了一些势头，并有一些深入挖掘的想法。但这些事情必须先等一等。

尽管她在前面的职业生涯中有一些销售经验，但她对这个市场要素领域并没有第一手的知识。为了检验她所做的市场要素方面的假设，她最好去直接学习。谁是顾客？当然是像她那位朋友工作的那样的公司；实际上，那家公司正是首选客户。但具体是那家公司里的谁呢？她和她朋友通过讨论一起找出了那些决策者和关键人员：技术副总裁、质量保证总监、系统设计总监和采购经理。如果这个创新被采用的话，这些人员的行为必须改变。她的朋友安排了一次与技术副总裁的会议。

我们的创新者曾做过销售，因此拥有良好的客户互动和谈判技巧。她了解技术零部件的采购决策依赖于工程、商业和法律因素。为了保护她的创新想法，也为了建立初步的信任关系，在会议开始之前她向对方要了一份双向保密协议。

她签署了，因为这是一份相当标准的协议，她之前见过很多类似的版本。

与技术副总裁的会议，采购经理也参与了。她不需要透露任何技术思路的细节，因为她已经将特征抽象化，因此可以描述它们如何解决客户关心的产品成本问题。对话进行得很顺利，因为她可以分别从两位经理人所关注的利益层面上进行交谈。受到采购经理的影响，技术副总裁认可了她所说的，但建议我们的创新者与质量保证总监和系统设计总监进一步讨论。

虽然仍没有必要说出她的创新想法的核心内容，但这第二次会议更详细地讨论了系统成本和性能。我们的创新者了解到，质量保证（QA协议）与系统其他零部件的整合程度比她想象的更高，而且她感觉到质量保证总监对更改QA协议持有犹豫态度。此外，QA协议已经针对当前零部件之间的可变性进行了调整。公司从她的创新零部件中获得的任何采购成本的节约，很可能都会被开发和建立新QA协议所带来的成本增加所抵销。更糟糕的是，更改QA协议还需要向整个系统的购买者交代。并且如果此过程不顺利，可能会影响购买者对整个系统可靠性的信任，这是管理层不太可能接受的风险。

第三章 一位创新者的一次迭代过程

我们创新者的想法开始看起来无望了，但这时出现了那种"机会青睐有准备的头脑"的真理时刻。她听到系统设计总监和质量保证总监交流时附带提到，公司一直想设计和销售一个更大规模的系统，以扩大相应市场，该系统将需要开发一个新的 QA 协议。我们的创新者注意到了这个信息，并迅速地在脑海中进行了估算。当前市场上的零部件产品无法很好地扩大尺寸，但她的创新零部件产品可以，因为采用了技术要素中的同一元素，将使其更加价廉。认识到这个可能性之后，她小心地将谈话引向更大的系统以及行业的发展方向。因为已签署了保密协议，系统设计总监透露了他们正在努力开发更大系统的事情，并且认为能实现这一点的第一家公司将具有巨大的竞争优势。因此，在再次约技术副总裁交谈之前，我们的创新者需要调研实施要素，因为基于上述市场要素方面的反馈，她的创新想法刚刚发生了转变。

她之前关于如何制造零部件和如何经营业务的想法已经被市场要素的转变给打破了。她之前的计划是外包约 90%，自己只生产最关键的 10%。但现在无法做到了，因为找不到能够外包 90% 的供应链。能否利用另一个供应链？在之前调研现有技术要素组件时，她发现了另一个行业里更大尺寸的产品，它甚至比她目前正在设想的还要大。当时她没有对此做进一步探索，但做了记录。她知道从技术角度讲它们是可以缩小到她所需的尺寸的，但问题是她现阶段能否找到供应商愿意制造并销售给她。她需要学习他们的制造过程和商业模式，以构建一条新的供应链。

与几家公司的销售人员交谈后，她发现多数公司都很愿意以合理的价格出售她所需尺寸的产品，但其中有两个零件制造商不愿按她的需要缩小尺寸，因为她需求量太小。在调研制造工艺过程和所需要的生产设备后，她发现按比例缩小相关生产设备的尺寸就可以满足她的需求。幸运的是，她所需的设备大多是定制的，因此设备制造商很愿意按照她的规格来制造设备。但这很"烧钱"。在学习了所需零件的制造工艺过程后，她构建了一条新的供应链，包括外包大约70%，她自己制造需要关键技术的10%，除此之外，她现在还需要为剩余的20%建造生产车间，这需要承担高昂的设备成本。这扰乱了她最初的商业模式和降低成本的想法。

那么，生产新的、更大尺寸的零部件总共要花多少钱？是否低于其在市场中的价值从而实现一定利润？她从设备制造商那里获得了设备报价，并估计运营成本。由于她在大学学过会计课程，而且在过去工作中积累了一些设备融资的想法，因此她可以快速地做出固定成本和变动成本的大致模型。

第三章 一位创新者的一次迭代过程

总之,在初步进行产品尺寸调整和成本建模后,她发现似乎没有很大的成本优势。但是那位系统设计总监不是说过他们更大的系统竞争优势将是巨大的吗?因此,如果她不仅申请最初10%技术部分的专利,而且还申请无法再外包的20%部分的设备设计和制造工艺过程的专利,也许这将形成一个非常强大的专利组合,可以保护她的新产品。

她想问问那位技术副总裁是否愿意投资一家公司,这样他们就能够获得生产更大系统的独家权利。如果他们愿意投资她的公司以降低潜在的创新风险的话,他们是否愿意在中试生产阶段就收购她的公司呢?这将意味着她不必为生产规模扩建去借高利率贷款,而是可以把更多精力集中在创新上,这可能会使她获得更好的回报。这将是一个与她之前设想的截然不同的策略。但在与技术副总裁交谈之前,她需要弄清楚,自己那10%部分技术能否满足尺寸扩大的新要求。

尽管在上述创新过程的第一轮迭代周期中她经历了像过山车般起伏的不确定性,但我们的创新者因为看到一个实现全新系统的机会而充满活力。她卷起袖子,满腔热情地深入技术细节中。她意识到如果未能在这个早期阶段就进行迭代的话,将会浪费多少时间和资金。现在,她正在正确的轨道上开始下一轮创新迭代过程。

深入了解思维如何工作

在我们的创新者开始她第二轮迭代的同时,让我们更深入地看看在她成功地进行第一轮的技术要素、市场要素和实施要素的迭代过程中,都用到了哪些技能。她尽管不具备这三个类别的大部分相关知识,但都设法成功地了解到了所需的东西。她的工程学教育背景和实际工业界工作经验使她有能力评估现有技术要素部分的相关性并确定缺失的部分;她的科学教育背景使她有能力快速地计算出缺失的技术要素部分是否可能存在;她在工业界的销售经验、商业沟通技巧和所了解的良好实践,比如积极签署保密协议等,使她能够直接从客户那里学习到市场要素的需求;她的工程和商业技能的组合——包括一些会计知识和对制造业实际情况的认知——让她有能力构建一条潜在的新供应链;再加上一些对专利策略的理解,她做出了一个全新的商业策略。

她跨学科的背景,对科学与技术在基础层面如何工作的实践经验,以及如何运作商业环境方面的实践经验,使她本质上有能力去学习所需。她的学习效率当然与她的跨学科背景强相关，但也取决于她迅速吸收多元信息的能力。她的所学牢牢地将创新活动锚定在技术要素、市场要素和实施要素的实际现实中。

同样重要的是她从学习中进行抽象的能力。当进行粗略的科学计算时，她能够抽象出结果来判断是否有足够的操作空间，但又没有陷入细节中。同样，她将技术要素组件的学习进行抽象，以判断是否有足够的选项，却没有详细分析每一个组件，她可以将技术和性能特征抽象化，从而能够与潜在客户公司的业务和工程人员进行有效的对话。她对制造工艺过程的抽象化使她能够与潜在的供应商交流，并制订出足够准确的成本模型。所有这些都起到了关键作用，无论是在与潜在客户和供应商的实际对话中，还是在与她自己的思维对话中，她都有能力跨越技术、市场和实施三个要素之间进行交流。

她的抽象能力使学习更加有效，因为下一步所需学习的内容可以由抽象推导出来。从三万英尺高空鸟瞰地球可以获得整个区域图并找到空白点，但要进行实际测量，就需要降到地面水平。因此，越能在地面水平和高空鸟瞰视角之间快速切换，学习过程就越有指导性，也越高效。

我们创新者拥有的另一项至关重要的技能是，她面对不确定性时仍然能够做出高质量的决策。对技术要素组件有了更深的理解后，她从技术要素转向市场要素；当市场要素方面的业务性信息否定了她的最初创新思路之后，她重新构思了她的创新想法，然后相应地构建了新的供应链，并更新了她的商业模式。所有这些不仅需要她的坚持与韧性，而且**需要有积极的心态与信心来直面不确定性**。把不确定性看作机会而不是被吓倒，这是她的一种内在心理素质和个性特征。但是积极应对不确定性的心态是建立在反复判断正确并成功降低风险的经验之上的。因此，这些经验的组合成为她能力的基础。

在第一次迭代过程中，有一个时刻比任何时刻都更为关键，在那个关键时刻她同时调动了所有的技能。正当我们的创新者似乎已经失去一切的时候，她听到系统设计总监附带说到了关于生产更大产品系统的事情。由于她在前期基础学习中学习得足够多，她已经在头脑中充分想象过她的创新想法可能遇到的多种结果，甚至有些结果是互冲的。由于她并不惧怕向截然相反的方向前进，因此她有能力在短短几分钟的时间内创造一个新机会，从而扭转双方谈话的方向并进入一个充满可能性的广阔新空间。大多数颠覆性创新和中等程度的创新都会遇到这样的转折点，而且通常不止一次。

第三章 一位创新者的一次迭代过程

团队和环境

在任何创新迭代的过程中,创新者必须具备一系列技能组合。对于渐进式创新,即改进产品或流程,不需要也不会去实质性改变做事情的方式,创新者所需的学习和抽象能力会减少,对处理不确定性的需求也较小。然而,颠覆性创新和中等程度的创新,对创新者在他们擅长的专业领域以及在所有三个要素领域(技术要素、市场要素和实施要素)的能力都提出了很高的要求。由于同时拥有所有所需能力并能够在所有领域运作的个人相对较少,我们能不能通过团队的方式更好地执行迭代创新过程?事实上,创新过程往往需要一个多人组成的团队。

让我们设想一个团队,他们分别在技术要素、市场要素和实施要素之中的一个领域具有天赋,但同时对其他领域有一定的了解。他们可以作为一个团队进行创新,因为他们能够相互沟通讨论并共同推进迭代过程。作为对比,如果团队中的每个人都只拥有单一领域的经验,而对其他两个领域不了解,那么由他们组成的团队将会失败。比如由以下三个人组成的团队：一位是只懂商业与市场的人（比如一位纯粹的创业者），一位是只懂技术的技术人员（比如一位纯粹的发明家），以及一位只懂流程的运营人员。这不是我们需要的团队。尽管这个团队是从高层次角度组建的，但由于这些个体之间缺乏足够的知识重叠，无法在同一个现实框架下有效地沟通，因此他们无法成功地执行有效的迭代。很容易看出，这样的团队将会在面对前面案例中发生的关键性市场要素转变时失败。

这也解释了为什么许多20世纪90年代的初创企业在真正创新领域（有别于企业并购及IPO工作，这些不是将创新转化为市场成功的考量标准）的成功率如此之低。通常对于按这样方式组建的团队，投资者默认不需要迭代。即使大多数投资者从多个商业计划书中能够看到随着公司发展而出现的多个创新迭代过程的表象，他们的投资窗口期也与颠覆性创新所需的迭代过程的时间长度往往不匹配，迭代过程需要在技术要素、市场要素和实施要素三个领域之间反复进行，而上述创业团队从一开始就没有为此做好准备。

从这个角度来看，这些投资者事实上是在寻找所有风险都被消除之后的投资机会。对于这样的投资者，理想的投资标的是市场已经选好了的产品，然后让公司管理团队执行即可。践行这种策略的投资者很快意识到,这种模式只有在大部分创新过程已完成后续只需要进行非常细微的创新的情况才有效。如果大部分不确定性已经被消除,那么上述这种团队选择可能会带来商业回报,因为大部分创新过程已经完成。当然,这是早期投资的困境:在这种情况下,投资实际上是晚期了,风险没有想象的那么大,因为这样的创新项目很容易被投资市场中的大部分人认可,因此其投资回报率也很低。从21世纪初开始,大多数早期投资者都遇到了这种情况,这些基金中的大部分资金进一步深入到了风险投资的后期阶段,基本上成为具有高风险资本成本下的低风险资本。

底线是投资者应该尽一切可能避免投资由非跨学科个体组成的那种"创业者—发明家—运营者"组成的三人团队。相反,理想的早期投资项目应该是由跨学科、跨界团队成员组成的,这些成员过去的经验已经证明他们能够同时理解技术要素、市场要素和实施要素所有这三个领域并共同组成一个团队,而不是每个人分别只覆盖一个领域。这不仅减轻了一个创新者需要同时覆盖所有领域、解决所有问题的负担,同时也带来了相互间可以进行建设性、批判性讨论的额外好处。然而,具备不断地相互学习并同步前进的能力,以及在一个共同的现实框架下跨界沟通的能力,是需要团队成员们具备出色的合作技能并摒弃自私行为和兴趣的。即使在这样的团队中，仍然需要跨界跨学科的创新者，不仅拥有技术背景，而且需要拥有市场要素和实施要素领域的经验。与一个"全能选手型"的创新者相比，一个团队可以接纳每个成员在全面性上有略微不足，但每个人必须具备必要的创新技能。当然，识别出这样一个潜在的成功创新团队，并持续地与他们进行富有成效的互动，这也需要投资者本身具有跨学科的背景。那些没有跨学科背景的人为了适应这个过程，会将创新团队成员进行分类，把他们分别归到固定的一类中。

考虑到一个典型的颠覆性创新从实验室进入市场往往需要 10 年以上时间，一个理想的投资时间大概是在创新团队开发他们的创新想法五年之后。在大学里出现一个重大科学发现之后立即就成立公司并获得投资往往不是好的投资案例。

这引出了在迭代创新过程中机构组织层面的问题。即使拥有了由跨学科个体组成的团队，他们应该在哪个机构组织中进行迭代呢？大学可能正在创造出新的科学知识和有用的技术要素，但总的来说，相关的市场要素需求信息和实施要素知识在大学里是不存在的。公司对特定部分的市场要素有所认识，但通常对其他市场没有洞察力，并且当今公司的技术要素视野非常窄。有些政府部门像大学，有些像公司，有些两者都不像。美国国防部是比较独特的，它既像是对创新有需求的企业客户，又像是高科技投资者，其目的是从外部获得创新技术。不过，典型的政府部门通常在所有技术要素、市场要素和实施要素三个领域都缺乏经验。从多个层面看，新创立的小企业似乎是执行迭代创新过程的最佳组织机构，但它们的不足我们在前面已提及。它们可能有很多创新，但缺乏足够的资源，也缺乏进入市场的渠道。在过去几十年中我们已经看到了太多初创公司因为融资过程和投资者对现金流的短期要求而被严重扭曲。

个体、团队和组织机构在执行迭代创新过程中遇到的这些困难，明确揭示了这个过程不是那么稳定的，是敏感的，并且是很容易受到宏观经济和组织机构变化影响的。在接下来的章节中，我们将进一步探讨这个主题。在第五章中，我们将深入分析一个颠覆性创新在持续一段时间内的真实演变故事，从中你将看到在一系列不断变化的、往往不完美的环境中，要"坚持不懈"地真正推动这个创新过程是多么艰难。从那里开始，我们将直接审视美国摇摇欲坠的创新支持体系，并探讨应该如何重建这一体系。

接下来的第四章将为我们后面所有章节的讨论设置一个简明的舞台背景。

第四章

颠覆性创新的特征

本章旨在厘清一些关于创新的基本问题，例如什么算是"大"的创新，什么是"颠覆性"创新，谁来做什么事，以及许多人永远关心的问题——何时获得投资。

尤其重要的是，要理解什么是"颠覆性"创新，既要从术语定义的角度理解，也要从现实的角度理解。我们可以先从创新是由什么构成这个问题开始。在一些人看来，如果我们要讨论和思考创新，那么一个创新行为或创新产品必须是相当"大"的，它才有可能被纳入我们要讨论的范围。也就是说，它必须能够影响相当多人或者其价值相当大，诸如此类。（"大"的概念并不总是清晰的）。如果按这种思路，诸如谷歌或汽车防抱死制动系统肯定是创新，但是我们前面例子中的餐馆老板在她的乡镇餐厅里重新排列桌椅可能就不会被认为是创新。

我们不同意这种看法。本书采用的"创新"的定义与其"大小"这一模糊概念或主观判断无关。餐馆老板的桌椅重新排列在市场上体现了一个有用的想法,并产生了营业收入,因此是一种创新。但确实,在一些特定的意义上,有些创新比其他创新的规模更大,更具有影响力。这些区分是非常有用的,因此我们希望对它们进行区分。

为此,我们在本书中采用两个标准术语:"渐进式创新"(incremental innovation)和"颠覆性创新"(fundamental innovation),但需要注意一些细节。首先,在思考这些术语时我们不要被"大小"这一简单且模糊的概念所误导。市场上最畅销汽车的最新型号有可能只是一个渐进式创新,它内部由很多其他渐进式创新组成。而许多颠覆性创新却是我们肉眼看不到的,比如与产品内部关键部件所用材料有关的创新,或者是一项晦涩的制造工艺技术,没有它们就无法生产相关产品。

其次,与其将渐进式创新和颠覆性创新视为"非黑即白"的二元硬性分类,我们更应该将它们视为一个"连续谱"的两端。"连续谱"的一端是最渐进的创新,另一端是最颠覆的创新,而很多创新都是处于两者之间。(比如本书前面谈到了"中等程度的创新",它就是处于"连续谱"的中间位置。它或者具有一些但不是全部的颠覆性创新特征,或者所具有的颠覆性创新特征的程度比较弱。事实上很多创新就是这个样子,处于"连续谱"两端之间的位置,我们必须认识到这一点。)

现在来谈谈正式的定义。渐进式创新通常被认为是对已经存在的事物进行微小的或逐步的改进,不会大改它的本质,或者不会改变我们如何制造和使用这些事物——差不多是这样一个概念。如果以本书的术语来严谨地定义则是,**渐进式创新是那些在技术要素、市场要素和实施要素之间需要很少迭代或几乎不需要迭代的创新**。所需的少量迭代可能只是在这三者中的一个领域,而另外两个领域则不变。这种渐进式创新的一个例子是在早些年里微处理器芯片从一个产品代到下一个产品代的发展,例如从 Intel 286 型号到 386 型号等。由早期一个颠覆性创新而建立起来的微处理器芯片发展范式在当时已运行得非常成熟,它使后续几十年的发展都只是渐进式创新。其间微处理器芯片的市场是固定的,其商业模式、供应链等也基本是固定的。

在本书中,**颠覆性创新是指那些或者创造了一个新商业业务,或者以一种原本不可能的方式颠覆性地扩展了现有业务的创新，并且期间需要进行在技术要素、市场要素和实施要素之间的多次完整迭代，以逐步收敛成为真正的实用创新。上面提到的微处理器芯片范式的创建就是一个例子。不同的市场必须对一系列可能出现的微处理器技术进行评估，而确切的实施要素也是未知的。事实上，在最初的迭代过程中，微型计算机甚至都不被视为一个潜在的应用。当时三个领域都存在不确定性，并且需要多次迭代才最终收敛成为我们今天看到的个人计算机市场中的微处理器芯片。

我们注意到，本书对渐进式创新和颠覆性创新的定义与哈佛大学克莱顿·克里斯坦森（Clayton Christensen）在《创新者的困境》（*The Innovator's Dilemma*）一书中对"持续性创新"（sustaining innovation，对应本书的"渐进式创新"）和"突破性创新"（disruptive innovation，对应本书的"颠覆性创新"）的定义是一致的。但不同的是，在本书的定义中这两个极端之间有一个连续的创新空间"连续谱"，创新有可能处于这个空间的任何位置。另外，在技术要素、市场要素和实施要素中的每一个初始创新过程中固有的不确定性程度，决定了我们定义中的创新"程度"。

第四章 颠覆性创新的特征

从实验室到市场的时间跨度

由于所需的迭代过程是不同的,渐进式创新与颠覆性创新的产品入市时间是明显不同的。颠覆性创新需要更多次技术要素、市场要素和实施要素之间的迭代,因此会有更长的时间轴。它比渐进式创新长多久呢?我们前面已经多次提到,颠覆性创新通常需要至少 10～15 年才能从实验室走到市场,现在我们将给予一些佐证。在过去的几十年中,我们大致生活在信息时代的范式中(这一范式符合摩尔定律)。这个范式为我们提供了一个很好的考察平台,看看其中各种颠覆性创新都花了多长时间才成为商业产品。

我们挑选了信息时代的四个颠覆性创新,如图 4-1 所示。晶体管和集成电路的重要性和代表性无须多言;以太网技术(Ethernet)用于计算机联网;而应变硅技术(Strained-Si)则是一种颠覆性地延伸了集成电路芯片工作性能的基础材料技术,它也是我们将在下一章中介绍的创新案例。我们把每一项创新在实验室里"灵光一现"的年份和最后实现首次重要商业产品发布的年份都画在图 4-1 中。这里定义的"灵光一现"是指当创新的原型或演示品向一小群专家证明该创新可以走出实验室,并且创新所需的主要特征已被证明的时间点。(请注意,通常需要做大量的工作,且往往要经过多次迭代才能达到这一步!)图中的横坐标是"灵光一现"年份,纵坐标创新产品首次在市场上销售的大致年份。与大众普遍想象的不同,这些重要转折点往往是伴随着一系列相关事件发生的,并不总能从中分离出一个单一创新者或团队在单一场合发生的第一事件,因此图中的点旨在代表一系列相关事件发生的"大约"时间点。我们可以看到,图中的四个点几乎连成一条直线,这说明这四个创新从其"灵光一现"到首次商业产品所需的时间跨度相当一致:都是大概延后10多年时间。信息时代范式为我们提供了最佳数据,用以确立颠覆性创新所需的固有时间跨度,因为信息时代是过去半个多世纪中由自由市场动态主导的增长最快的市场板块。

这些数据也证实了创新过程中令人不适的混乱,但这点常常被忽视。将颠覆性技术产业化的过程是花时间的,无法快速地推向市场,而是需要长时间的开发、尝试和演变。但由于"胜利者书写历史"现象的普遍存在,给人留下获得商业回报的路径比实际上短得多的假象。这个 10~15 年的时间跨度也是一个颠覆性创新最终向市场提供商业价值所需的最短

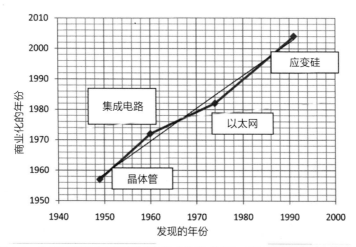

图 4-1：信息时代范式中颠覆性创新的实验室"灵光一现"的大致年份与其首次重大产品入市销售的大致年份关系。图中四个点几乎在同一条直线上，这说明颠覆性创新普遍需要 10 多年才能成功进入市场，这一时间跨度在一个大范围的不同性质的创新中是比较一致的

时间。首次商业发布后也并不一定能够马上看到其重大影响力，因为可能需要更多时间来渗透市场并被广泛采用，在这个过程中还需要进一步迭代：它并不总是以惊人的速度横扫市场或闪电般地改变世界。另外，有些颠覆性创新也可能需要比 10~15 年更长的时间跨度。图 4-1 中的数据是"偏向成功者"的，因为我们挑选了一些成功的颠覆性创新。有更多的颠覆性创新会遇到困难或者长时间滞留在货架上，它们可能需要长得多的时间才能进入市场，也有些创新永远无法进入市场。

因此，为了判断美国当前的"创新流水线"体系将会在明天或近期为我们带来什么新的好东西，我们需要回看十多年前的"创新流水线"里都有哪些创新。因此我们这里所揭示的真实情况与人们的普遍认识非常不同，人们普遍认为，一旦一个有效的发明能在实验室中制作出样品来，就等同于它的潜力已经得到了"证明"，因此其距离收到经济回报肯定不会太远了。想要了解美国创新系统中的所有内容，就必须了解从颠覆性发明创新到高商业回报所需的真实的时间跨度。

请注意，图4-1中四种创新的性质是非常不同的：一个是半导体器件，一个是复杂的集成电路微系统，一个是网络，一个是用于芯片的制造技术。这意味着，在自由市场条件下，从实验室"灵光一现"到首次商业产品入市销售之间的10～15年时间跨度是其内在固有的，不取决于技术类型。这一观察结果引出了一个严肃的问题，即我们经常听到的"加速创新过程"的倡导是否可行。通过优化创新生态对创新迭代过程的支持，我们可以努力地消除任何额外的时间跨度，或者防止因创新过程之外的力量而导致潜在的创新过早夭折。但是，对于颠覆性创新来说，试图缩短其固有所需的至少10～15年的时间跨度是不可行的。

究其原因，除从数据中认知之外，一个简单明了的理解方式是思考一下在现实世界中需要做哪些事情以及它们如何影响时间跨度。从供应链的角度，有两种方式可以使颠覆性创新在现实中实现。一种方式是创建一条全新的产业供应链，因为对于颠覆性创新来说开始时没有相关供应链，就像苹果公司在20世纪70年代为微型计算机所做的那样。另一种方式是将颠覆性创新插入到已相当成熟的现有供应链中。当然，还有很多创新是处于这两个极端之间的，可能需要创建一部分供应链，同时利用一部分已有供应链。但无论哪种方式，都需要做大量的工作。创建一个全新的供应链需要许多新供应商，这反过来需要成千上万的人去做他们以前未做过的事情。新供应链上的参与者需要学习新的体系，需要有激励，他们的公司或机构需要获得盈利或回报。同时，不同的参与者还必须能够配合去执行跨越市场要素、技术要素和实施要素的迭代过程，以定义他们各自之间的关系。这样规模的动员工作需要时间，且最终的制约因素是人们学会做新事情的时间。现在让我们看看第二种方式：将颠覆性创新插入到成熟的现有供应链中。创新者必须努力让供应链上游愿意为这次创新供应新的零部件，同时让供应链下游懂得为什么这些创新会给他们带来利益，以及让他们学会如何将创新整合进他们的产品中。同时还需要让他们共同推进更多的迭代，而大部分时间和精力将花费在改变他们现有的行为上。我们可以这样理解以上两种方式：所需的时间跨度受限于人类学习理解、交流沟通和动员激励的时间。最终，组织机构和相关人员需要花费 10～15 年才能适应一个颠覆性的变革。

发明家、创新者和创业者及其角色

除了前面已讨论过的发明与创新之间的关系，为了阐述得更清晰，让我们定义一下什么是"发明家""创新者"和"创业者"。

发明家是指创造出新技术（器具或流程）的人，该技术具有有价值的新功能。然而，发明通常没有经过本书描述的迭代创新过程，尽管这是确定其价值的唯一方式。发明家可以成为创新者，如果他与市场互动起来，并整合其他技术以制造出可行的新产品，同时根据在实施过程中的真实反馈去进一步修改发明。通常，创新过程会促进目的性更明确的后续"发明"活动，因为持续的迭代过程会为该创新的具象化提供越来越多的解决方案。创新者在市场要素、技术要素和实施要素这三个领域之间工作，将其收敛为一个实用的创新，这是发明的商业化形式。

严格来说，创业者的任务是创立和发展新企业，他主要关注采用什么样的商业机制来实现上述目标。我们的社会造就了很多典型全才，一个人就具备把上述所有事情都做好的能力：发明、创新和发展新企业。但大多数情况不需要这样，这也不是理想的情况。创新者致力于创新过程，而创业者则致力于在执行层面把公司做强做大。如果尚未形成一项具备可行性的创新，创业者将无从做起。因此在理想情况下，应该等到一个创新过程已基本收敛时，创业者们再进入舞台开始工作。

在讨论和理解创新过程时，区分发明家、创新者和创业者是非常重要的。一个人同时是创业者、发明家和创新者的情况非常少见，但这些人的成功故事放大了人们的认知，以为这是常态。托马斯·爱迪生（Thomas Edison）就是这样一个集发明家、创新者和创业者于一身的典范。他在发展新兴的电气工业时代的产品和服务中扮演了所有角色。与他同时代的尼古拉·特斯拉（Nikola Tesla）对社会的发展也发挥了至关重要的作用，但主要是作为一位多产的发明家。虽然特斯拉在许多科技领域社区中被推崇为英雄偶像，但普通公众对他知之甚少。

生态系统

虽然最高的投资回报来自成功的颠覆性创新，但我们再次强调，处于颠覆性创新和渐进式创新之间的整个创新"连续谱"对于一个健康的创新生态系统是必需的。一个一个单独挑出来看，好像每个渐进式创新的作用都"很小"，但它们同样很重要，有这样几个原因。它们的价值会在数量上积少成多，也会在时间上积少成多。即使是一个渐进式创新，有时仅仅一个小改进也可能给使用或销售产品的人带来极大的改变。在创新"连续谱"上靠近渐进式创新一端的那些创新也更容易实现，因此也更容易获得支持。它们容易在现有的财务体系中获得资助和评估。所以，在"创新生产线"中这一部分（支持渐进式创新的生产线部分）不会随着时间发生显著变化。

颠覆性创新对创新生态系统和"创新生产线"的状态要敏感得多，它们过去的变化会影响我们今天的创新过程和市场经济的可行性。同时，能够促成可持续的长期经济增长的也是颠覆性创新。我们可能会认为最近一段时期的经济已经够艰难了，但是，如果当初没有发生以波士顿、硅谷等地区为创新起点的半导体和微型计算机革命，那么现在从事这些相关行业的数百万人会做什么呢？美国经济和全球经济又会处于什么状态呢？

渐进式创新未来会一直保留下去，因为它需要的技能更单一，需要的投资时期更短，更容易获得社会体系的认可。但是，定义我们工业时代和信息时代的，为我们未来的增长和繁荣创造必要范式的，是颠覆性创新。我们不仅需要大力支持颠覆性创新所需的迭代创新本质，还需要关注颠覆性创新所需的时间跨度是如何影响我们创新生态系统的过去、现在和未来的，以便我们的投资者、创新者、发明家、政治家等都能在现实中实事求是地规划和执行基于他们各自愿景的创新优化工作。

下一章将以真实现场视角为我们展示一个有着20年时间跨度的颠覆性创新。

第五章

颠覆性创新的真实故事

这一章我们将带你踏上一段不平凡的真实旅程，这是一个颠覆性创新的故事。你可能每天都用到这个创新并从中受益，尽管你可能没有意识到这一点。你将通过这项技术的主要创新者的眼睛观察到从端到端的整个创新过程。本章的结尾另有描述其他创新的三个简短故事，用以展示这一创新过程也可以以不同的方式向前推进，从而使本章展示的创新过程的整个图景更加完整。

所有这些真实故事都是本书作者参与其中的创新。多年来，我们参与了许多颠覆性创新和中等程度创新过程。这些创新过程发生在企业、大学或者初创公司中。同时，本书作者中的两人，尤金·菲茨杰拉德和安德烈亚斯·万克尔也成立了一个非营利实体，命名为"创新界面"（Innovation Interface），旨在促进大学和企业之间的合作,它也深化了我们对创新的认识。

本章主要描述本书作者之一尤金·菲茨杰拉德的故事。作为这项技术的主要创新者,他亲身经历了从开始到完成的整个过程,历时将近20年。仅考虑这一点,这个故事就非常有参考价值。许多关于现代创新技术的书面记载往往都是从创新过程的中间部分开始的,对之前工作也许只做了一个总结。这种书面记载让读者很难了解真实的创新过程会"混乱"到什么程度,是多么需要从一开始就反复地执行迭代以解决创新过程中的各种不确定因素,早期阶段的决定会如何影响后来的工作等。本章的真实故事首先回顾了最初5年的基础研究和初始迭代过程,才到达了解这个创新真实情况的阶段;然后又用了超过14年的时间不断推进,最终才形成了你今天手中用到的创新形式。

这个故事独特和有价值的另一个原因是,这个创新过程发生在一个不断变化的环境中,即在美国创新体系(这个国家的"创新生产线")随时间逐渐演进和改变并形成当前结构的过程中,当前这个结构本身正在迅速衰弱。因此,你将了解到一个在创新生态体系转型中的创新过程,以及该体系如何影响整个创新过程的第一手资料。

这个故事中的颠覆性创新,是称为"应变硅电子器件"（Strained Silicon Electronics，简称为Strained-Si）的技术,这是一种可以大大提高集成电路芯片性能的半导体技术,你的电脑芯片中很有可能就有应变硅。应变硅的技术细节是非常复杂的,本书尽可能不过多描述这部分,仅采用以下极简化描述让你了解一下:当以适当的方式给一层硅材料施加"应变力"时——或者从边缘拉紧它,或者压缩它——它的物理特性就会发生变化,在它之上制造的集成电路芯片的性能会得到大幅提升。

在接下来的内容中,我们将以尤金的第一人称来讲述他自己的故事,其间偶尔会跳出故事以进行反思和评论。为了区分,本章案例部分都换了字体。

尤金·菲茨杰拉德的故事：应变硅电子器件

如果我们要回溯这项创新的源头,那故事得从我的童年说起。小时候我总是满怀激情去制作一些科技小玩意儿或小器件,我是那些伴随着地下室里很多化学和电子实验装置长大的孩子之一。我大概不满足于仅做些有关大自然的实验,而想要真正地创建一些新东西的欲望非常强烈,因为在20世纪80年代末我在康奈尔大学读材料科学专业的研究生时这种强烈欲望已非常明显。当我挑选博士研究生科研方向时,我调研了很多不同的研究课题组。我当时很迷惑,注意到有许多研究课题虽然在科学上十分有趣,但似乎与实际应用没有任何直接联系。我觉得以这种方式进行研究似乎有点过于随意和随机,这不是我感兴趣的。幸运的是,我找到了一位博士生导师——迪特·阿斯特(Dieter Ast)。他夏天经常去位于硅谷帕洛阿尔托市的惠普公司(Hewlett-Packard)基础研究实验室访问交流一段时间。经过两次交谈我了解到,他有一个科研项目似乎非常有趣,是为实现高速集成电路所需的材料进行的研究——高速集成电路对于电信和测量领域的先进电子产品非常重要。该项目涉及对一种叫作"砷化镓"的半导体材料进行特性表征,当时许多人认为这种材料最终会取代硅成为集成电路芯片的主要材料。一般来说,这些半导体材料的质量必须达到接近原子尺度的完美程度,才能适用于先进的电子或光电子领域。

为此,我自己动手组装了一套特殊的表征设备,这使我能够在显微镜下观察这种材料并从中揭示其缺陷的一些未知因素。虽然我为该自建设备能够成功地有效工作而感到兴奋，但我后来发现校外的工业研究领域似乎对我的砷化镓表征工作并不感兴趣，他们尚不清楚它是否会有重大用途。幸运的是，这时另一个人提供了帮助——康奈尔大学毕业生杰瑞·伍德尔（Jerry Woodall）。他当时是IBM院士[①]（如今他是"美国国家技术奖"得主），经常积极参与校园里的事情。这位活力充沛的企业研究人员是IBM研究实验室中典型的"自由人"，而IBM院士项目的目的就是要让这些过去已取得优异的技术发明和创新业绩的研究人员"做自己感兴趣的研究"。杰瑞解释了他的看法：在砷化镓上制造的新型电子器件将会如何发展演化。他认为，可以在砷化镓衬底上沉积与砷化镓兼容的新型材料，以进一步提高在上面制造器件的性能；但这里有一些根本性的材料问题阻碍了这一技术发展路径。我的一位研究生同学把我介绍给杰瑞，因为她意识到用我的新表征设备可能可以研究其中的一些材料问题。杰瑞同意利用他在IBM的实验资源制作一组材料样品给我检验。

---

① 编辑注：在IBM，科学家与工程师的最高荣誉是IBM院士（IBM Fellow），这是一项终身成就。

事实上，我的新设备确实让我看到了两种材料在界面上的缺陷。经过一段时间的工作，我突然意识到也许有方法可以弥补这些缺陷，这样就可以使杰瑞提到过的面向未来应用的新型电子器件的想法变成现实。为此我找到了本校中央实验室的另一名研究生一起合作，制备了一组新的材料，以验证我的想法。实验结果果真如此。这是一个非常惊人的研究成果。这使我在电子材料这一专业科研领域出了名，虽然当时还只是一名博士研究生，但是这一成功使我得以提前毕业。在寻找工作机会时，我聚焦在工业界的基础研究实验室，如IBM的华生研究中心（Watson Research Center）、AT&T的贝尔实验室（AT&T Bell Labs）、惠普实验室（HP Labs）等。当AT&T贝尔实验室的面试官问我是否考虑大学教职岗位时，我说"不考虑"。我当时想得很清楚，企业研究实验室是实际应用与基础性科学交汇的地方，这意味着在那里实现具有真正现实影响力的基础研究与真正创新的可能性要高得多。

AT&T贝尔实验室表示有兴趣聘用我，不仅因为我的教育背景和我已取得的研究成果，还因为这一研究领域在贝尔实验室的重要性与日俱增。AT&T公司生产的产品覆盖面非常广,从晶体管到电信系统,而我所研究的电子材料的技术进步有可能对非常广泛的各种应用产生影响。我接受了这份工作。

这里让我们把故事暂停一会儿,以便跳出来分辨一下在一项颠覆性创新处于最初阶段时有哪些关键点。首先,这个博士课题研究领域的选择源于对实用性的兴趣。该研究课题成为这个创新过程中技术要素的萌芽,是一个既具实际应用价值又具科学价值的研究课题,它是通过大学导师与外部市场要素和实施要素知识接触交流后找到的课题。这样的接触交流持续进行着,促进了创新过程的发展。当时主要的企业研究实验室都被注入了与他们所属产业领域相关的市场要素和实施要素知识,这点我们将在下一部分的故事中看到更多细节。当时人们认为,AT&T 贝尔实验室的食堂是世界上知识交流最丰富的场所之一,是暗物质物理学家与特定用途通信激光的研究人员可能会坐在一起的地方,他们中一人在学习研究需要制造什么,另一人在学习研究什么是可能的。

当时大学里的科研专家经常花大量时间在企业研究实验室里,而工业专家则经常花大量时间在大学里,这是很常见的,尽管还达不到普遍的程度。这造就了技术应用知识丰富的生态环境，其中的市场要素和实施要素知识影响了大学中至少一部分重要的基础研究课题的选择。

通过砷化镓材料表征设备的搭建及其在探索降低缺陷方法中起的作用，我们可以看到技术要素的工作从多个方向得到了市场要素信息的支持。这就是一种有用的、聚焦的迭代。然而，我们还没有看到菲茨杰拉德花精力去弄清楚他的"最终产品"会是什么，以及什么样的"商业模式"最好。例如，他还没有成立公司去销售他研发的设备或提供材料生长服务。这是可能的，但在这个时候直接成立公司还为时过早。关于这一点，我们有两点观察。

在 20 世纪 80 年代成熟的大型企业研究实验室里，商业模式一直是固有的，即研究人员应该会认为他们的研发成果最终会被上级母公司的一个或多个现有部门所应用。当时这些大公司拥有的主导支配地位似乎意味着，当一些重要的东西被开发出来时，"上级母公司里的某些人"会以最佳方式使用它们，并知道如何将其产业化。这样的假设也避免了在上级母公司所在市场范围之外收敛时遇到困难。正是由于这一原因以及一些其他原因，这些企业研究实验室在颠覆性创新的早期迭代阶段表现得非常出色，但当创新需要更密切地被市场要素吸收的后期阶段往往表现得较差。

第五章 颠覆性创新的真实故事

另外需要注意的是，在这个故事的早期阶段，是绝对不可能预测到这个创新在未来会发展成后来的应变硅技术，他当时甚至还没有开始在硅材料上做科研。但我们必须强调的是，不能因为看不到早期研究与最终应用之间的直接联系，就认为可以在研究空间的任何节点上随意开始科研。通常，创新过程中未被记录的混乱程度使得"随机选择研究"的支持者得出以下结论：既然在开始时不能确定最终应用，那么只需资助研究人员偶得的奇思妙想早期研究就够了。但从这类混乱的真实创新过程的记录中我们可以清楚地看到这样的结论是站不住脚的。事实上，市场要素、技术要素和实施要素之间的不断迭代是进行卓越研究的必要条件，也是将研究收敛成为潜在的颠覆性创新的必要条件。现在，让我们回到刚才的故事中去。

1988年秋，我到贝尔实验室的第一天就像来到了天堂。我在位于新泽西州默里希尔（Murray Hill）的贝尔实验室分部开始了我的职业生涯，许多著名的发明和发现都发生在这个地方，包括晶体管。我的贝尔实验室工作证上有我的照片，我实现了上小学时在地下室就开始的梦想。我已经准备好为贝尔实验室发明新技术，把重要的研究成果推向市场。

我被安排在一个非常有名的办公室，办公室的前任主人在十多年前发明了二氧化碳气体激光。一位比我高两级的贝尔实验室经理过来告诉了我以上信息，并忠告我说："你最好有所成就。"接着，我见到了我的直接上司。经过一番寒暄后，我开始阐述我的研究领域如何能够在电子材料和设备方面起到许多重要作用。这位经验丰富的经理不想打击我的热情，他说所有这些想法都很棒。然后他问："你认为你的研究领域怎样才能对AT&T公司产生最大的影响？"好问题！在做研究生研究课题时，我曾思考过IBM的需求，并通过与当时工业融合的研究群体交流讨论，我开始有能力去概括电子和光学应用领域的市场要素需求。现在，在我工作的第一天就被问及AT&T的市场要素的影响力这一具体问题。

我很快开始思考。我入职的实验室部门对砷化镓及相关材料感兴趣，而我的部门在研究如何将这个领域中有关多层薄膜材料的科研进一步扩展到硅材料中，后者是大多数集成电路所用的材料。这让我回想起以前和我导师的一次关于惠普公司如何将砷化镓薄膜层做到硅片上的问题。如果能够实现这一点，人们认为它可以满足许多新的应用需求，因为砷化镓和硅的特性优点在许多方面是互补的。硅基集成光电子学是"圣杯（Holy Grail）"，可同时集成光和电制造出不可思议的超级芯片应用于计算机和计算机网络领域。

因此我回答我的经理说，当大约20年以后硅芯片的微缩能力减缓时（摩尔定律），把砷化镓集成到硅片上的能力将使硅芯片技术得到进一步的发展。因为 AT&T 同时涉足计算机和通信领域，我的经理回答说："太好了，那这就是你应该追求的。如果这是 AT&T 在这个领域最重要的问题，并且具有最长远的影响，这就是你应该做的事情。"

说起来容易做起来难。我作为一个刚毕业的天真的博士应该如何在这条道路上起步？我是可以立即开始硅基砷化镓方面的研究，因为这也是我过去科研工作的延伸，但我如何才能真正理解这项研究将如何影响 AT&T 的硅基集成光电子技术呢？薄膜材料应该如何集成在硅片上？其最重要的材料性能是什么？材料性能与最终在市场上出售的系统产品中的电路里所包含半导体器件的性能有什么关系？

幸运的是，AT&T贝尔实验室有许多连接研究领域（技术要素）和应用领域（实施要素和市场要素）之间的资源。这一事实在关于早期AT&T贝尔实验室的报道文献中一直被忽视，而它与学术性实验室的相似性似乎又被过分强调。经过问询，我发现位于新泽西州霍姆德尔（Holmdel）的贝尔实验室分部的两位研究人员对电信系统中的这个问题很感兴趣。经过电话和电子邮件讨论后，这两位系统级的研究人员了解了我对这个研究的兴趣，对我表示热烈欢迎。尽管他们自己也是研究人员，但在我所从事的更基础的研究中，他们有效地充当了我的客户角色，而这又可以帮助他们满足他们公司内部客户的需求。这种虚拟的客户—供应商关系链一直延伸到最基础的研究，这是贝尔实验室促进创新的一个重要特征。因此你根本不必去自助餐厅里坐到一个相应领域的人旁边咨询或调研。从基础研究到应用领域各层面的专家大多愿意接受来自AT&T公司其他领域的咨询。这是一种文化，它随着1984年AT&T众多地方电话公司的剥离而得到加速发展。因此在很短的时间内，我就找到了我的工作与AT&T公司迫切需要之间的联系。今天，光波已成为远距离电信基础设施的一部分，随着硅集成电路与光基通信系统的不断改进，今后光波将被用来实现越来越短距离的信息传输。

以这个应用为目标，我对如何在集成电路上制造薄膜半导体结构有了一些想法，可以在同一芯片上同时具有硅基电子器件和光学元器件，比如激光器和探测器。通过与集成电路专家的不断交流，我对硅基集成电路的认识也不断提高。为了实现这一目标，用于制造光学元器件的砷化镓和相关材料，必须做到在原子尺度上与硅晶体完美结合，这需要通过材料工艺技术的改进去克服两种材料之间天然失配的问题。基于我读研究生期间做实验时获得的知识，我认识到如果不使用一些中间缓冲材料来解决部分失配问题的话，就难以实现在硅片上集成高质量的薄膜材料。这些中间缓冲材料可以是锗硅半导体。因此我开始着手研究如何在硅晶体材料上沉积锗硅晶体，目的是最终使锗硅材料表面与砷化镓材料相适配。

我取得了惊人的突破，使得极高质量的锗硅可以沉积在硅片上。虽然所用的锗硅材料组分还不够高，不适合进一步集成砷化镓材料，但从材料表征数据中可以清楚地看出，这一突破性的结果是可以进一步扩展的，使得最终实现硅基砷化镓材料沉积成为可能。然而,管理层对这个突破的重要性半信半疑,他们了解的细节比较少,想看到的是整体进展,但现在他们只看到这个叫菲茨杰拉德的小伙子目前尚不能将砷化镓集成到硅片上。此外,管理层也发生了变化,我以前的经理离开了 AT&T,而新经理想要审查所有的研发项目,以决定是否调整研究重点。因此,我需要一个能够在更短时间内证明我制备的新材料是高质量的实验成果展示,这意味着我需要另选一个能在短期内从我的材料中受益的新应用。

就在锗硅出现进展之前,我已经开始和一位新同事谢亚宏(Ya-Hong Xie)合作。他毕业于加州大学洛杉矶分校(UCLA)的一个研究小组,该小组在锗硅方面已做了一些早期研究。虽然当时这个团队没有做出重大的颠覆性创新,但亚宏也在思考他的研究领域如何与 AT&T 的目标进行关联。不久之后,亚宏和我意识到我们的锗硅材料质量已足够好,可以用来制造一种叫作"应变硅"(strained silicon)的新材料。

人们早就在理论上预测了一个高度应变的硅晶体薄膜层将具有非常好的电学性能。然而,之前还没有人能够解决高质量锗硅材料的问题，但我解决了，我的技术将使高质量的应变硅成为可能。于是我和亚宏立即着手制备高质量的应变硅材料样品。很幸运，我们第一次试验就实现了这一目标。当时是1990年，在加入贝尔实验室两年后，我就有了一个重要的"发现"。采用本书所定义的术语，这是一个潜在的颠覆性创新的开始。这项研究成果的消息迅速传遍了全世界，英国电信、戴姆勒－奔驰、IBM等公司的几个重要研究团队立刻认识到这项研究成果可能对信息时代范式中的关键技术——硅集成电路产生影响。几个月后，戴姆勒－奔驰实验室复现了我们在贝尔实验室的结果。由于这些世界知名实验室的地位，这一成果被核实为真实且重要的，至少是一个未来潜在创新的基础。

让我们再次暂停故事，回到迭代创新上来。技术要素、市场要素和实施要素之间的迭代在"应变硅"发现之前就已存在。与学术性研究环境不同的是，贝尔实验室的管理层第一天就告诉菲茨杰拉德，他需要在一个对AT&T公司商业业务重要的领域成就事业。在贝尔实验室"卓越研究"的定义不仅仅只是卓越的科学研究，也不仅仅是巨大的应用潜力，还包括一种微妙的压力,要求科学或技术成为对 AT&T 真正有用的创新。科学问题的选择在很大程度上由研究人员做出,但市场要素环境则属于 AT&T,且实施要素也被认为是属于"AT&T 公司体系"的。正如前面针对 IBM 所讨论的那样,人们认为有价值的创新自然会被商业化。

通过为他的研究寻找公司内部"客户"并了解电路和系统设计的实际情况,菲茨杰拉德将他的研究在市场要素和实施要素之间进行迭代,通过这种迭代,他们做出了将锗硅作为一种中间层材料的正确选择。如果这个迭代不成功,他将不得不重新选择研究领域。在技术要素上的突破(高质量的锗硅晶体材料),使他和他的同事谢亚宏有机会通过市场要素(包括逻辑芯片和微处理器)和实施要素(通过应变硅技术提高电子性能)进行下一轮迭代。

在这个故事中,公司组织结构发挥的作用虽然不总是很明显,但非常重要。AT&T 公司拥有各个方面的研究人员和工程师,工作干公司的重要领域,是一个完整的团队,从最基本的科学研究一直到应用开发。但与大学不同的是,这些专业人员并没有分散到整个科学研究的所有领域。由于贯穿 AT&T 公司的卓越研究文化,以及展示能力的愿望,公司各领域的专家很乐意分享他们的知识,这使菲茨杰拉德能够从业务性的真实交流经验中迅速获得市场要素信息，而不仅仅是理论信息。这种以"低交易成本"进行迭代创新的能力是创新应该具备的，但很遗憾没有出现在当代组织机构的经济学概念中。另一方向，这类大型官僚体制公司中的**高创新产出率**也被忽略了，主要原因是这些官僚体制机构**对创新的吸收效率低下**。最后一点，制造领域和复杂系统设计领域的实施要素知识也被菲茨杰拉德吸收并应用。以上这些因素使得菲茨杰拉德和谢亚宏能够在这一颠覆性创新的道路上迅速汇聚到重要的里程碑上。

经过一段时间，科研突破的兴奋劲儿过去了。我们的研究小组增加了一些人员，这使这项颠覆性发明的更多细节得以揭示，同时世界各地的许多研究人员开始取得成果，人们进一步认识到应变硅这一新兴领域的潜力和细节，这导致我越来越担心AT&T不会是第一个将这项发明商业化的公司。AT&T公司是出了名的在颠覆性创新的早期阶段表现卓越，但常常错过产业化的后期阶段。我带领这个新生的团队朝着最终目标前进：采用易于转移到芯片制造业的工艺技术制造出室温下工作的硅电子器件，来证明其大幅提高的性能。我当时只有27

岁，对于早期阶段和全阶段技术开发过程中的连续迭代创新所需要的资源估算相当天真。我很快发现，一个没有额外资源的五人小组是完全不可能创造出整个全新的硅集成电路技术的，即使是在聚集最优秀人才的贝尔实验室里。

因此到 1994 年，我意识到在目前的环境下推动创新走向市场应用几乎是不可能的。公司没有将研究推向试生产的体系和机制，我也没有感觉到公司有这方面的紧迫感。由于我现在以发明高质量的应变硅而闻名，很多大学都在联系我。我现在还会像以前那样对大学教职说"不考虑"吗？我仍然不确定一所大学是否有足够的机会与业界进行实际联系，以便为继续推进这项工作创造适当的环境。

随着 AT&T 公司面临越来越激烈的商业竞争环境，很明显贝尔实验室过去的"开拓性研究模式"已被淘汰。在 20 世纪 80 年代末 90 年代初，大多数拥有前瞻性企业研究实验室的公司开始缩减对基础研究的投资。在这段时间里，AT&T 的管理层也在试图量化贝尔实验室的实际投资回报。我以前认为，管理层知道如何对研究进行估值和商业化。尽管我们的应变硅技术就是在

AT&T 环境下基础研究产生颠覆性创新的完美例证,但这些年管理层的审查使我意识到,公司没有人真正知道如何将萌芽中的颠覆性创新推向市场。我问自己:"贝尔实验室如果没有目标将要如何生存下去?"出于这种挫败感以及好奇心,我对研究和商业化之间跨界的兴趣被点燃。

因为大多数公司的基础研究实验室都面临着类似的压力,所以在 20 世纪 90 年代初它们都处于被淘汰的过程中。因此,我希望在一些主要的研究型大学里能找到包含所有这些要素"一站式"的未来发展机会。除这些顶尖大学机构的年轻创新者之外,还有谁能够成为未来创新的源泉呢?于 1994 年秋,我回到了我的本科母校麻省理工学院任教。我希望与能够被培养成为创新者的年轻人一起工作,并进一步加深对颠覆性技术进行商业化的理解。

刚入职麻省理工学院时,全部风险都压在了我的肩上。搬到大学一个月后,我的妻子生了一对双胞胎。与我以前的公司薪水相比,我们的现金流减少了。此外,当时我还没有获得终身教职,且我的研究小组的启动经费还不到 AT&T 启动经费的一半。最后,我曾以为可以免费获得的一些设备在当时看来也无法进入麻省理工学院，而承诺给我的实验室空间也被内部办公室政治因素抢走了。很明显，我和亚宏曾幸运地开启了应变硅领域，但这个领域现在的发展可能会把我抛在身后。然而，我来到这里的想法是，试试看麻省理工学院的环境是否适合我。如果不适合，我还有一个模糊的想法，那就是有朝一日在波士顿地区开始自己的创业生涯。此外，从社交角度来看，我和妻子现在都离我们家族更近了，因为我们两人都是在离波士顿不远的社区长大的。

本节故事标志着菲茨杰拉德为了能够继续推动迭代创新进程而做出的第一次组织机构转移决策。当时 AT&T 公司受到的外部竞争压力越来越大，内部也越来越僵化，菲茨杰拉德直接感受到了一家大公司能力缺失的部分：无法吸收并继续推进已取得早期成功的颠覆性创新。运营方面的官僚主义膨胀使实施要素的知识被分解，并阻止了推进迭代创新过程所需的更广泛的市场要素知识获得。即使是在 AT&T 贝尔实验室这样的为提高颠覆性创新的产出率而优化的组织中，财务结构和组织结构也会阻碍迭代创新过程的进一步推进。

如果创新者无法改变组织，那么创新者就应该将创新转

第五章 颠覆性创新的真实故事

移到另一个组织。因而组织流动性的重要性已经很清楚了。在这一故事开始的时候，这项颠覆性创新的演进要求菲茨杰拉德与康奈尔大学里那些流动性很强的大学研究人员和企业研究人员合作，随后又促使他从学术界转移到AT&T贝尔实验室，现在又将他带回到麻省理工学院。在菲茨杰拉德离开贝尔实验室时的这段时间前后（20世纪90年代初），美国许多著名企业研究实验室的很多创新者也都遇到了同样的问题，并采取了类似的措施。随着他们将已部分完成的创新转移到一些大学中，其中很多都成了风险资本投资的首选对象。这是一批聪明的研究人员，他们随身带着已被作为龙头企业的原公司确认了商业潜力的创新。这些创新很多都承载了过去已大量投入的价值。聪明的投资者现在可以抓住这些过去已经投入的科研价值，继续为这些创新的后续工作提供研发经费，从而将其推向市场。

通常来说，如果追求高创新率，有潜力的创新者必须跟随创新，而不是跟随组织机构。创新者流动到不同组织机构去，以获得继续推进迭代过程所需的自由度和资源。不过正如上述故事，这种流动性通常也会伴随着个人风险的增加和继续创新所需资源的减少（缺乏足够的风险投资）。但是，真正的创新者对其创新及自身能力的信心必须能抵消这些缺点，这一点可以作为一个创新者品质筛选的有效过滤机制，只要所处的创新生态系统可以支持这种流动性。而在那些在经费资助上或在文化上给创新者施加太多不利因素而导致的流动性低下的生态体系中，其颠覆性创新的可能性就会大大降低。

现在我人在麻省理工学院，努力组建我的研究课题组，招收研究生。由于没有什么可以展示给那些希望加入成熟研究团队的学生，我招收了第一批对真实事物和应用研究感兴趣的博士研究生。换句话说，我现在吸引的一群学生，他们选择导师的标准与我当年的标准一样，这非常有帮助，因为我要做的第一件事就是创建一个实验室和研究小组。经过两年的努力，麻省理工学院的菲茨杰拉德科研小组重新回到了应变硅材料研究的最前沿，并在我前期工作中发现的一些新的研究问题上取得进展。而几年前受我们在贝尔实验室获得的最初研究成果启发而不断增加的其他地方的研究团队，随着本领域早期研究的完成，现在正逐渐退出研究转向其他领域。此外，大型的企业研究实验室正在接二连三地关闭，因此也取消了在这一领域的研究工作。作为对比，我们的实验室却在继续推进这个领域的创新。在我过渡到麻省理工学院的这段时间里，我们研发的应变硅材料质量已经足够高。如果将其沉积在合适的结构上，将能够在实验室里做出性能得到提高的单个电子器件样品。不过，市场应用真正需要的是，在面积大得多的集成电路芯片上制造出来，不能有缺陷，并且以信息时代已投资了数十亿美元的集成电路制造技术进行量产。

基于我在过去与 AT&T 和其他公司许多制造人员的多次互动中了解到的关于集成电路制造技术的知识及其关键因素，我发现两个基础性的问题阻碍了应变硅这一创新在集成电路制造中的应用。其中一个问题是应变硅材料存在少量缺陷，这些缺陷大多数研究人员选择忽视，因为在实验室里研发的单个电子器件中因为面积小很容易被规避掉，但对于实际应用中的集成电路芯片那样的面积规模来说，这些缺陷是无法避开的。另一个问题是材料本身存在固有的应变力，因此难以保持晶体表面长距平整性。同样地，这一问题对于实验室里制作的单个电子器件可以忽略，但在集成电路芯片的实际应用中却不能忽略。这两个问题既是前沿科学的基础研究问题，也是在实现商业化应用之前必须消除的障碍。当时，大多数学术界研究人员和科研经费机构都对这些问题置之不理，但我的科研团队和当时世界上少数几个团队却坚持继续推进应变硅创新。最终，我的科研团队取得了本领域的第二次重大科学突破。这项突破是针对应变硅技术研发的，但它对于集成砷化镓及相关材料也同样有效。

让我们再次暂停一下，我们注意到在创新过程中又发生了一次迭代。菲茨杰拉德在麻省理工学院所选择的技术研究领域，是经过市场要素和实施要素的再一次迭代的结果。市场要素的估值要求应变硅电子产品与传统的电子产品相比具有竞争力。这就对实施要素方面提出了要求，即必须采用现有的集成电路制造技术和工业设施来制造应变硅电子产品，并能达到类似的量产良率。这反过来又定义了需要通过基础研究来攻克技术要素问题，这些基础研究最终导致科学上的突破。有趣的是，这一突破对其他应用技术同样重要，因为与硅芯片类似的规模化制造技术也将给其他潜在的市场应用领域带来巨大的成本优势。

在获得第二次技术突破的那段时间，我感觉我们这个"真正好的贝尔实验室研究"——那种既是颠覆性的又是以实际市场需求和实施可能性为导向的研究——应该会很快完成，至少从大学的角度来看是这样。当然我可以用余生的时间继续在学术上进一步探索我所开创的这个应变硅研究领域的更多细节。但我感觉到在大学层面上这个领域已没有更多颠覆性的难题，我在麻省理工学院的科研团队应该转向其他相关领域，比如通过应变锗而不是应变硅来提高半导体器件的性能等。因此应变硅技术现在需要另一个转变；我认为剩下的挑战只有在一个与市场要素和实施要素直接互动得更加商业化的环境中才能得到真正解决。虽然我不太确定需要多长时间，也不确定应变硅技术走出大学实验室之后会如何发展，但我在1996年成立了一家名为AmberWave Technologies的公司（后简称AmberWave，该公司后来成为AmberWave Systems Corporation），为以后的发展奠定了基础。

正式成立公司并不复杂，只需要填写一张一页纸的表格，并向美国新罕布什尔州支付大约100美元。但为了与感兴趣的外部机构进行各种形式的互动，AmberWave需要有制造产品原型并进一步开发技术的能力。我可以利用麻省理工学院的共享实验平台来做这件事，但我需要了解更多大学与校外机构合作的事情。哪些会被认为与大学有利益冲突？怎么才能把技术从校园转移到外部公司？一个大学里的创业者如何在从丰富资源环境（大学）瞬间转换到没有资源（初创公司）的情况下还能生存下来？制造应变硅原型所需的那些"特殊制造工艺"，必须在一整套昂贵的工艺设备上才能实现，而这些设备只在大学的公共实验平台或大型制造业公司中才有。因此没有外部资源的投入，所有的想法都会胎死腹中。

为了推动进展，我去会见了麻省理工学院技术许可办公室（TLO）的负责人莱塔·纳尔逊（Leta Nelson）。莱塔是在1980年美国Bayh-Dole法案实施后成为技术许可办公室主任的，该法案允许大学拥有在政府资金资助的科研项目中研究获得的知识产权的所属权。她向我解释了主要利益冲突。在这个阶段，我需要避免的利益冲突是清晰明了的，这包括我不能利用我的教授身份强迫学生为我的外部公司生产任何东西，也不能将麻省理工学院的实验设施用于生产。不过，如果是大学的技术转让，则有一个重要的机制，小公司可以以付费方式使用大学的公共设备，用于制造数量有限的示范性产品原型。换言之，只要还处于研发阶段，所需的产品原型数量有限，我们就可以通过这个机制用学校的实验室继续推动技术研发。除此之外，莱塔还问了我一个关键问题："你将如何创建一家新的半导体公司？"

这个问题难住了我。在当时，一个上经济规模的硅芯片制造厂需要超过10亿美元的投资资本。在与业界的互动中，我了解到许多"半导体公司"实际上是既不生产材料也不在材料上制造集成电路的芯片设计公司。与AT&T公司和其他垂直整合的公司不同，当时的半导体产业已经历了快速的横向专业化产业链变革。半导体材料制造商只制造硅片材料，中国台湾的"硅晶圆代工厂"则在硅片上制造集成电路芯片，这些芯片是根据芯片设计公司设计好的规格来制造的，而在美国我们仍然将这些芯片设计公司称为"半导体公司"。只有大型的微处理器公司，比如英特尔和超微公司（AMD），还在同时设计芯片和制造芯片，不过他们自己也不生产材料。从产业供应链角度来看，莱塔实际上是在问我的公司选择什么样的商业模式。当时，新成立的半导体公司一般都是芯片设计公司，而我的创新是材料的创新，目标是进入微处理器芯片的市场，如果我的公司只是成为产量需求巨大的大公司（如英特尔或超微）的半导体材料供应商，我将需要生产巨大数量的材料。

我乐观地想，总会有办法可以将创新的价值转移到市场上。也许微处理器这样大行业领域并不是合适的初入市场领域。我想知道是否有产量需求更小的工业领域或者特殊的利基市场，我的公司可以先从为这些小市场生产材料开始，然后逐步地垂直整合发展，最终生产芯片。尽管这似乎是合乎逻辑的，但现有大公司要求的高度专业化似乎固化了一种"地盘文化"，在这种惯性思维支配下，半导体材料的创新者是不会创建集成电路芯片公司的。至此我已经感觉到，要让应变硅集成电路的商业化成为现实，商业模式的悖论将在创新过程中起到核心作用。

故事暂停片刻，我们来记录一下第二次组织机构转移。菲茨杰拉德为了创新而进行了又一次组织机构转移，这次也是因为所需资源的缺失，而且这次是因为零资源。尽管在法律文书上注册成立 AmberWave 公司时，个人的风险没有什么变化，但我们将看到一旦公司运营起来现金流变得紧张时，个人风险将会改变。由于需要与供应商、合作伙伴和客户进行真实的业务性互动以进一步推动创新,因此创建 AmberWave 公司是必要的。如果菲茨杰拉德没有创建一家能够直接与市场互动的公司,该技术的研发路径无疑会发生变化,可能会朝着创新成功可能性较低的方向演化。

现在,我同时成为一个务实的创新者和早期创业者,开始考虑谁是可以与 AmberWave 公司进行真实业务交易的潜在客户,这份名单被缩小到三类潜在客户上。在这个阶段,一个特殊的潜在客户是德雷珀实验室(Draper Laboratory),这是一个多年前从麻省理工学院分离出来的大型非营利性实验室,因其长期为美国国防部和国家航空航天局开发导航和跟踪系统而闻名。另外两类潜在客户分别是"政府部门客户"及高效率的太阳能电池公司。没错,因为准入门槛太高的问题,我当时已经把大型的硅集成电路产业从我的名单中删除。该行业的发展趋势表明,新的商业模式将不受欢迎,而且一个初创公司获得首个订单的障碍太高。与客户开展业务是企业的现实需求,因此 AmberWave 必须去开拓新市场,那些用我们在 AT&T 贝尔实验室和麻省理工学院研发出来的同一个颠覆性创新技术能实现的其他应用市场。我们的技术除用于高速微处理器的应变硅集成电路芯片之外,还可以用于无线通信中的高速锗硅(作为硅片上的中间层半导体材料)电子器件,它比微处理器的结构更简单;或者用于硅基砷化镓及相关先进材料的器件(这也是在贝尔实验室时的最初技术目标)。在硅基砷化镓领域,实现高效率的太阳能电池又比实现被AT&T看成是"圣杯"应用的通信用光电子集成电路芯片更简单。所有这些完全不同的应用基本上都可以通过我们之前研发获得的技术突破来实现,不过它们每一个应用都还有其自身的技术难题需要解决。

德雷珀实验室对锗硅材料的另一个应用感兴趣:将电子器件和微机械运动部件一起集成在芯片上的微机电装置(例如,用于触发汽车安全气囊等)。我向他们提供了锗硅样品,但似乎这一应用仅仅是猜测,因为一些初步实验结果似乎表明,相关性能出现了意料之外的下降。排除微机电应用,我们寻找其他政府相关的市场需求,史蒂夫·瑞格尔(Steve Ringel)教授和我通过一个大学科研项目证明了,使用相同的锗硅多层薄膜材料技术可以让我们在硅片上沉积和制造高效率的太阳能电池。史蒂夫非常了解美国政府的卫星和航天器所需的太阳能电池的市场，因此AmberWave公司通过美国航天局（NASA）申请了在硅上制造高效太阳能电池的"小企业创新研究"（SBIR）合同项目。能够在硅片上制造高效太阳能电池的能力，以及可以利用现有的硅基芯片制造工厂的高量产率生产设施的潜力，将使太阳能电池的制造成本大大低于当时应用于高端市场的高效太阳能电池。此外，在硅片上制造的太阳能电池更轻、更坚固，这对航空航天应用来说非常重要。

虽然第一个SBIR申请未获批准，但AmberWave在与其客户美国航天局进行了更多的接触交流之后，又提交了一个新的申请方案。正当该方案处于1996—1997年至少三个月的评审过程中时，在得克萨斯州奥斯汀（Austin）生产微处理器芯片的摩托罗拉公司（Motorola）的一个研究小组负责人与我联系。显然，摩托罗拉对我在AT&T贝尔实验室研发成功的锗硅薄膜材料技术和应变硅技术都很感兴趣。摩托罗拉正在对这些技术在集成电路芯片方面的应用潜力进行早期研究。我很兴奋，这是一个很好的机会，于是马上安排了对摩托罗拉的访问。但是在飞往得克萨斯州的飞机上，我仍在纠结到底应该向他们提出什么样的商业模式。他们想要什么？咨询服务、工程外包服务，还是直接购买材料？我曾对生产销售半导体材料的商业模式进行过一些计算，但是这种商业模式有几个方面让我感到困扰。首先，由于单纯的半导体材料公司处于供应链的最远端，很难获得足够的利润空间，因为集成电路芯片制造商具有议价筹码。其次，仅仅满足摩托罗拉公司一个制造厂的需求，我们作为一家小公司就需要投入大量的资本建设工厂，才能生产出足够多的材料。虽然我认为这本身并不一定是个问题，尤其是当时1997年的资本市场对投资科技公司非常踊跃。但由于材料行业规模庞大，在考虑到资金成本的情况下，想要在量产规模很大的半导体材料供应业务中获得足够的利润空间是非常困难的。

我与摩托罗拉的小组负责人见面了，他不仅是贝尔实验室的"校友"，而且还曾经在我任教的麻省理工学院的材料系做过助理教授。基于这样的共同背景，我们很快就讨论起摩托罗拉目前的兴趣，如果合作成功的话会如何发展，以及我可以做什么等问题。抱着试试看的态度，我说我已经成立了AmberWave公司来实现技术的商业化，摩托罗拉应该与我的公司合作，而不只是聘我做顾问。我指出,我们在麻省理工学院已经对该技术进行了改进,AmberWave 可以让摩托罗拉公司获得我们现有性能最好的锗硅技术和应变硅技术,远远早于其他任何公司。这位小组负责人很感兴趣,并进一步询问我 AmberWave 将会如何发展。我毫无隐瞒地告诉他,目前 AmberWave 可能只是一家半导体材料供应商,但长远来说我更愿意看到 AmberWave 最终成为在应变硅上生产集成电路芯片的公司,因为创新的真正价值只能在那里体现出来。计算表明,将应变硅用于集成电路芯片将获得相当于整整一代硅技术的性能提升,在当时为了性能提升一代,每家公司需要在其制造设施上投资约 10 亿美元。摩托罗拉的小组负责人建议我优先考虑材料供应业务,他认为这对于 AmberWave 而言是一个"非常好的商业业务"。

尽管商业模式的问题困扰着我,尤其是摩托罗拉公司这么早就似乎有意将 AmberWave 限制在低利润率的材料供应业务上,但这次与摩托罗拉的交流还是给我留下了深刻的印象。我当时还在想,我在麻省理工学院获得的突破性研究成果,解决了大规模生产实施要素相关的大部分技术要素问题,是刚刚申请的新专利,我还不想在这个时候与摩托罗拉分享这些信息。在从得克萨斯州回来的路上,我意识到知识产权至少应该是AmberWave公司"箭筒中的一支箭",可以用来保护我们的发明。在以上几点思考的基础上,我与摩托罗拉进行了更多的交流和讨论,并于几周之后达成了摩托罗拉和AmberWave公司的一项合作协议。在这一阶段,业务的模式是工程技术服务和半导体材料供应。该合同要求AmberWave为摩托罗拉提供"贝尔实验室质量"级别的锗硅材料,没有使用我在麻省理工科研团队所取得的技术进步。同时也要求AmberWave帮助摩托罗拉公司生产这种质量的锗硅材料。假如摩托罗拉公司在我们供应的材料上能获得晶体管的性能提升,双方可以在后续的合作协议中增加技术改进和有关最新想法更密切合作的条款。

AmberWave现在成为一家有客户有合同的真正公司。此外,几个月之后,美国航天局通知我,AmberWave公司获批了一项制造高效太阳能电池的SBIR合同,因此我需要聘请合适的人成为我的合作伙伴。有一段时间,我的第一批博士生中的一位表示有兴趣在毕业后创业。他具备从零开始做事的能力,这在他协助我在麻省理工学院创建研究小组时已有体现。当时是20世纪90年代末期，工业界的企业研究实验室已大不如前，只剩下过去的影子，因此他毕业后的选择是去研究型大学担任教职，或者去大型半导体公司从事高度专业化的技术开发。不过这两种选择对他来说似乎都是浪费才能；他是一位跨学科人才，似乎更倾向于同时追求远见和实用性。在比较了更高薪的大企业工作机会之后，他最终选择成为我在AmberWave的联合创始人。

让我们再次从故事中跳出来总结一下这些变化及其后果。转移到AmberWave公司之后，创新过程的执行模式发生了根本性的变化。在此之前，通过市场要素和实施要素进行的迭代往往不需要消耗过多的资源，但现在在公司中与客户的直接互动需要消耗很多时间和资金。AmberWave从潜在客户的商业兴趣中挣到的初始资金非常来之不易，但在这一阶段获得市场要素反馈和实施要素信息的质量比以往都更好。只有签订了商业合同的业务，才能真正揭示出客户的真实兴趣和具体需求。与摩托罗拉公司的互动使市场需求更加详细、更加明确，并为AmberWave的实施要素提供了更多商业模式方面的解决方案。AmberWave必须想出办法在麻省理工学院之外制造应变硅材料（晶圆），因此迫使公司与工业界的供应链互动。反过来，市场要素和实施要素又改变了技术要素，因为需要根据市场和实施情况改变技术研发的优先次序。此外，实施要素和技术要素之间的互动导致 AmberWave 启动了知识产权（IP）战略，以期在未来保护公司的发明。现在继续讲述故事。

现在有了在应变硅电子器件领域的摩托罗拉合作项目，以及在高效太阳能电池领域的 SBIR 经费项目，我们有可能获得 AmberWave 未来两年"有机发展"所需的资金。但由于政府的 SBIR 资金资助时间很短，AmberWave 的未来发展不能仅依靠摩托罗拉这一个合作项目，特别是在目前我们还不清楚这一创新技术的最终市场和应用是什么的情况下。与摩托罗拉的合作关系能否持续下去，AmberWave 能否避免陷入成为应变硅材料纯供应商这种没有吸引力的商业模式？另一个选择是将 AmberWave 发展成为一个高效率太阳能电池的垂直整合制造商，这似乎比微处理器业务更可行，因为所需投入的资金相对微处理器业务要少得多，虽然所需资金还是很可观。但是，成为航空航天应用领域的产品供应商的资质要求非常高，AmberWave公司如何才能有机地发展到这一步呢？而无线通信用锗硅晶体管的市场准入门槛又很高，虽然表面上看可能低于微处理器芯片行业。但有一个问题尚不明朗：无线通信行业在其下一代手机中将会采用哪种技术？仅仅基于自己的思考就选定一种应用和市场是愚蠢的，我们需要真实数据，这意味着需要针对所有这三种应用领域的市场要素和实施要素细节进行反复迭代。

与此同时，由于SBIR合同的资金资助只能维持两年，AmberWave必须去挖掘更多的潜在客户。在这段时间里，我们联系或访问了40多家相关领域的公司，因此了解了所有在这三个市场领域中企业的想法，他们的需求是什么，以及他们是如何经营业务的。我们也从中获得了更多信息，这些信息帮助我们了解我们的创新需要满足哪些技术指标，帮助我们了解每个行业的复杂供应链体系，帮助我们寻找可行的商业模式。在每个市场领域中，我们找到了至少一家大客户愿意花时间与AmberWave合作。在无线通信集成电路领域，高通公司像是我们技术的一个潜在的早期采用者。在高效太阳能电池领域，一家名为ASE的欧洲公司成为我们潜在的客户和合作者。在应变硅微处理器领域,我们则是与摩托罗拉公司的合作。在这一阶段数字集成电路产业的其他细分领域的兴趣还不高,但目前一些接触和以业务为导向的学习交流似乎证明其在后续阶段会有价值。虽然同时在三个应用领域进行学习和迭代非常耗费精力,但我希望这些迭代过程能够大幅增加 AmberWave 在未来创新之路上的成功机会。

1999 年,摩托罗拉公司完全错失了从模拟手机转换到数字手机的商业机会。股东们对现任首席执行官的能力提出了质疑,摩托罗拉对投入进行了全面的削减,包括削减未来可能带来新产品的前瞻性研发。在 20 世纪 80 年代末和整个 90 年代,这种对企业"创新生产线"的短视行为和失误屡见不鲜。我曾在 AT&T 亲身经历过这种经费削减,现在另一家著名的美国公司又发生了同样的事情。对 AmberWave 来说,这是一个后果严重的变化,我们与摩托罗拉的未来合作取消了。由于政府资助经费无法预测,又没有其他企业的合作,AmberWave 开始遇到现金流问题。公司规模仍然很小(有 4 名员工,其中 1 名为全职)。尽管如此,公司每年仍然需要几十万美元才能维持下去,我曾开过个人支票来填补空缺，但我的这种过桥资金的有限能力很快就耗尽了。我意识到需要投资资本来维持 AmberWave 的生存。

让我们再次停下来，评估一下创新进程。面向应变硅和太阳能电池应用的技术要素在与相关客户的迭代中都取得了稳步进展。AmberWave 通过同时与三个不同市场中的几十家客户合作直接迭代了创新的全部层面，多个市场对其创新确实感兴趣。实施要素目前成为最不确定的领域。商业模式、在供应链中的定位、行业垂直整合程度、制造工厂设施、知识产权战略等方面都存在着许多可能性，它们不仅相互之间影响，也影响技术要素和市场要素。现在，创新迭代变得非常强烈。迭代发生得很快，而且是多层次的。

在这段时间里，菲茨杰拉德意识到，风险投资家盲目宣扬的"聚焦、聚焦、再聚焦"的口号，要比口号本身传达的内容微妙得多。对于一个可以影响多个不同市场的颠覆性创新进步，在没有充分迭代的情况下过早地把赌注压在某个特定市场（"聚焦、聚焦、再聚焦"在一个目标市场上）与同时长久地下注多个市场一样危险。例如，在这一时期，许多有经验的创业家告诉菲茨杰拉德要避开数字集成电路领域，因为它还没到变革性的阶段（注意当时是 20 世纪 90 年代末）；

电信领域的光电子集成电路是更具变革性的目标，尽管它更遥远。菲茨杰拉德没有聚焦到光电子集成电路，因为他无法看清楚如何快速地克服光电子集成电路技术非常复杂的技术挑战，而且真正的客户还很遥远，尽管当时正处于电信领域的泡沫。另一方面他也意识到，过长时间同时追求多种应用会耗尽公司的宝贵资源。最理想的是，以高质量的信息为基础，将技术要素、实施要素和市场要素之间的迭代推进到足够远，从而增加做出正确选择的概率。

从1998年开始我一直保留着风险资本的选项。在20世纪90年代末，风险投资业将自己描绘成一个成熟的、拥有"规范和全知"的投资过程。我走访了波士顿和硅谷沙山路（Sand Hill Road）上的一些风险投资公司。有麻省理工学院和AT&T贝尔实验室为我的品牌背书，我有机会向一些顶级公司、中游公司以及初创公司推介我的公司。虽然在资本繁荣的时候，互联网公司有时似乎只用几张幻灯片就能筹集到资金，但我发现像AmberWave这样的半导体公司却出人意料地遇到了风险资本家的犹豫。他们所熟悉的大多数"半导体"公司当然是那种没有制造生产线的公司，即芯片设计公司。由于缺乏对半导体行业长期发展的认识，加上当时资金都涌向互联网公司，因此很少有风险资本家对 AmberWave 持乐观态度：为什么要投资一家比网页或使用软件设计电路更难以理解的公司呢？一位风险投资人指着一条指数上升的曲线对我说："请看这张图表，我们在 18 个月内就能赚 10 倍的钱。而且很快我们会在 12 个月内就赚 10 倍。你们正在建造的是真实物理世界的东西，这需要的时间太长了！"我几乎忍不住问他，他是否想到过，这条 10 倍曲线可能正是他和其他风险投资家共同创造的。但我保持了沉默并得出结论，我必须寻找更现实的风险投资者。

通过在麻省理工学院走廊里发生的一段对话，我找到了这样的投资者。我碰到了我本科兄弟会的一位校友，他比我大十岁，曾是一名技术记者，正在转变成为一名风险资本家。当我提到我是一家新成立公司的创始人时，他让我向他做公司推介，我接受了邀请。

我陈述的公司战略是通过在三个不同应用领域的技术要素—市场要素—实施要素的反复迭代中产生的。AmberWave 的发展计划是首先专注于太阳能电池应用领域以尽早推动材料生产，然后利用该业务产生的利润，撬动电子产品应用所需的更大资本投资——电子产品应用可能包括基于应变硅技术的数字电子产品，或基于锗硅技术的无线通信电子产品，或者两者兼有。电子产品应用不仅需要更多的资金，还需要大规模量产和严格的质量控制。首先在较小产量的市场上掌握一些基本的和潜在的生产共性问题是合理的，将一个企业自身的利润再投入在企业中以扩大后期的投资也是合理的。

但当我向风投公司介绍这一战略时，我发现对他们来说毫无意义——这不在他们的兴趣和优先考虑的框架内。在当时投资资本成本低而充足，风投公司的目的不是谨慎使用现金，风险资本家被激励着下大赌注。一个包括了公司有机地获得经营利润的战略尽管相应减少了风险，却被风险投资家视为减少了他们的潜在投资回报。当时的高效太阳能电池的终端市场总规模只有几亿美元，因此仅靠高效太阳能电池市场不足以说服风投公司对AmberWave进行大额投资。作为对比，无线通信电子产品和数字电子产品应用的终端市场规模分别约为100亿美元和2000亿美元。此外，虽然太阳能电池技术今天已经非常普遍，但在1999年却被认为是没有吸引力的投资领域。由于太阳能电池市场是一个自20世纪70年代以来的失败市场，而低成本的资本当时鼓励抱团投资，因此当我提到建立一个太阳能电池的业务时，我听到了这位校友公司成员的笑声。具有讽刺意味的是，如果我们当时继续推进太阳能电池，那么到2005年AmberWave将成为一个有前途的高效太阳能电池公司，将会引起很多人的兴趣。

尽管遇到了这些阻力，我还是在1999年底完成了种子轮融资，这缓解了现金流问题，使我有时间去招聘首席执行官和其他人员来推进公司的发展，从而推动迭代创新进程。风险投资者既希望我们去追求电子产品应用市场，也希望我们去追求处于当时电信领域泡沫时期的高度投机性的光电子集成电路应用市场，因而太阳能电池的应用被彻底排除在公司之外了。低成本投资资本的一个积极特点是，可以在较长的一段时间内同时追求三个应用领域。最终，由于有更多的客户互动和兴趣，数字和无线通信集成电路这两个电子产品领域表现得最有前途。当时光电子集成电路芯片所用的半导体材料仍然与电子芯片的制造体系不兼容，因此即使在低成本资本时代，建造一个光电子集成电路的制造工厂设施也超出了公司的财务现实。我在公司有足够的影响力，将短期目标缩小到数字与无线通信集成电路上,而将光电子集成电路技术推到公司未来的"研发生产线"。在一个新成立的公司内部能够容纳这样一条很长的技术生产线也是低成本资本的直接结果。包括投资者在内的所有人都相信,如果这些技术的成果是有希望的,AmberWave将会获得更多的投资资本。

现在,作为一家由风险投资支持的公司,AmberWave需要让自己看起来像一家值得投资的公司。风险资本家和我一起招募了一位曾在一家大公司担任副总裁的CEO。有了这位CEO及一个典型的管理层团队的雏形,AmberWave就显得更充实了,于是我们又筹集了一轮更大的风险投资。这笔投资使我们能够建立一个小型的半导体材料研发和中试生产设施,以制造我们所有三个市场领域都需要的基础半导体材料。该设施的建设使得我们有更多的商业模式可选择,尽管它直接延续了我当时与摩托罗拉共同讨论的商业模式:工程技术服务和半导体材料供应兼具,使我们的半导体合作公司可以利用AmberWave的技术生产出先进的集成电路。

故事暂停一下。我们注意到在风险资本进入之前,Amber-

Wave 的目的是在市场要素上执行迭代创新过程,而不是按照风险资本支持的普适理念来建立公司。本来可以用少量的投资建立起一家优秀的中小型太阳能电池公司,事实上这也是创新进程本身所指向的。然而,现金流问题迫使创新进程和创新者进行了又一次的组织机构转换。一旦风险资本进入后,资本就成为实践要素的一个组成部分,它就会拒绝那些无法产生他们想要的投资回报率的创新过程的收敛结果。引入数千万美元的风险资本,公司最终控制权从创新者手中转移到投资者手里,这改变了实践要素,现在变成了实践要素对市场要素和技术要素的影响更大。虽然我们无法在这里详细介绍,但在太阳能电池、光电子集成电路、数字集成电路和无线通信集成电路这四个领域的技术发展过程和路径是非常不同的。由于有限的资源和时间以及资本投资规模,公司的创新迭代被收缩到数字与无线通信电子领域的最佳可能性上。

现在我是 AmberWave 公司的董事会主席。正当我们在为数字和无线通信这两个电子领域建设研发/中试设施、招聘人员和寻找新客户时,我在思考公司是如何走到今天,如何将公司成败的所有风险都"孤注一掷"地聚焦到对未来的一个愿景上,而该未来愿景已收缩到必须与大公司竞争的两个产品领域。我意识到方案备选策略是有必要的，因此我推动公司建立一个涵盖所有潜在产品领域的知识产权库。

20世纪90年代后期，知识产权在高技术领域，特别是半导体领域的作用开始随着产业结构的变化而发生转变。大公司在基础研究投入的大幅缩减、私募投资的增加，以及半导体代工厂外包生产业务的兴起，都促成了这一转变。就当时的情况来看，半导体行业的大多数人都曾受雇于一家较大的半导体公司，因此人们对知识产权的普遍认识还是大公司的那套思路："产品投放市场时申请专利"，我在AT&T公司经历过这种策略。尽管AT&T拥有庞大的专利库，但它没有足够的预算去为每位研究人员的每一个想法申请专利。随着时间的推移，一套程序逐步建立起来，选择申请那些离商业化更近的专利。因此，在21世纪之交前后，半导体行业的大多数人不会在有创新时就及时地申请专利。后来有一些初创公司开始采用及时申请专利的策略，但很少有公司在集成电路芯片制造工艺技术层面这样做。人们普遍认为，目前阶段只有大型半导体公司才有能力实现硅集成电路的重要制造工艺技术。事实证明，这是一个重大的疏忽。

AmberWave 既然为一个未来愿景赌上了所有风险，为何不及时申请发明专利呢？毕竟，如果这个未来愿景被证明是错误的，公司的技术将被半导体行业绕开，公司也就会失败。而如果是正确的，AmberWave 的技术将不可避免地被整个行业所采用，那么及时申请专利将成为一种公司保险策略。公司的风险投资资本可以支持专利库的建设。随着 AmberWave 未来商业收入来源的情况越来越清晰，公司可以放弃那些没有收入前景的专利。这些认识强烈影响了公司的专利战略，事实上，我们在 AmberWave 成立了一个"知识产权小组"，负责围绕公司未来发展的发明申请专利。这并不像看起来的那样容易执行，因为这样的专家非常少，而且他们在忙于将目前的发明技术发展成为量产技术，同时忙于为未来的创新研发新的工艺技术和新型材料。因此，有必要设立一个积极的管理程序，以便推动及时建设专利库的工作。

专利库的结构受到半导体行业结构的影响。超微公司（AMD）联合创始人兼 CEO 杰里·桑德斯（Jerry Sanders）曾经有句名言："有晶圆厂才是真男人"。

AmberWave 的专利战略必须与拥有芯片制造工厂的现有企业截然不同。AmberWave 需要仔细思考其可能的商业模式以及半导体行业结构。例如，我很清楚，我们现在提供的工程技术服务，将会赋能数十亿美元市场规模的新一代集成电路芯片。为了从中获得我们的技术服务应得的报酬，我们必须基于集成电路芯片营业额收取专利费。而如果基于半导体材料或芯片制造工艺技术收取专利费的话，这将把价值都留给现在的大公司，因为最终芯片的销售额是其所用材料销售额的 100～1 000 倍。在过去是芯片制造工艺技术上的改进提高了芯片的速度，现在将是基于 AmberWave 在半导体材料上的创新提高了芯片的速度。但仅仅这一事实本身无法改变现有的全球半导体供应链体系及其价值分配节点。整条供应链专利价值最薄弱是在芯片制造工艺技术层面的专利，因为有许多方法可以改变制造工艺，它们都可以生产出同一款芯片。考虑到这些因素我们得出的结论是，AmberWave 必须建立起一个垂直整合的专利库，涵盖从材料、制造工艺、器件到电路芯片各层面。为了建设这样一个尽可能强大的专利库，我们的研发工作必须制造出在半导体供应链上的每一层级发明原型。

让我们停下来，在我们创新日志中记录下另一个关键条目。成立知识产权小组以及时申报发明专利，制定在硅集成电路整个供应链上每个层面的专利战略，指导知识产权战略的实施，是在市场要素、技术要素和实施要素之间的又一次重大迭代。具体的迭代过程如下：经过与市场要素的互动，菲茨杰拉德推断出通过建立知识产权战略以加强AmberWave（作为一个小公司）实施要素的必要性及其所带来的商业机会。知识产权战略能够像保险一样保护公司的技术要素，并加强以提供工程技术服务和材料供应为商业模式的实施要素，从而使公司能够从市场要素中获取其技术要素的适当价值。实施知识产权战略本身就要求对这个产业的整条供应链每个环节上的技术要素有详细的了解，从材料合成一直到芯片设计，并能映射到AmberWave的技术要素上，然后以此为指导推动公司开展相关领域的技术发明工作，使之成为AmberWave知识产权库的组成部分。这成为公司总体实施要素的一个重要方面。

通过风险投资者以及麻省理工学院的联系，我们的首席执行官和我能够与超微公司的高层进行交流，并最终达成了技术合作和专利许可协议，AmberWave将在工程技术服务和半导体材料供应的模式框架内与超微公司合作。早在1998年，英特尔公司当时新成立的英特尔风险资本部门Intel Capital就对AmberWave产生了兴趣。在之后的两年时间里，我们向他们详细解释了应变硅的优点，但是经过几次会议后双方依然没有达成任何合作协议。在获得种子期融资之后，我们的投资者不希望像英特尔这样的行业战略投资者成为我们公司的投资人。除垂直整合的微处理器芯片公司之外，公司联系了处于硅半导体细分产业链顶端的龙头芯片设计公司（没有生产线的设计公司）。另外，AmberWave还与一家提供芯片制造外包的主流硅芯片代工厂公司建立了合作关系，即中国台湾的UMC公司。这个合作关系也是以工程技术服务和材料供应模式为基础。最终，在这一商业模式下AmberWave与来自世界各地的许多半导体公司建立了业务关系。在所有合作中，我们都告诉合作方AmberWave打算基于他们未来的芯片营业额收取专利费。几乎所有这些公司都对将应变硅技术应用于数字芯片领域感兴趣，即未来先进数字集成电路芯片所需的下一代硅集成电路芯片制造工艺技术。虽然高通公司最初推动了无线通信芯片领域的发展，但对他们来说

AmberWave 的技术进展太慢无法满足他们的需求。至此，数字集成电路芯片成为我们公司追求的市场，尽管公司还有一些光电子集成电路领域的研发活动还在后台进行着。

通过与国际上多家公司的合作，我们对硅集成电路产业的整体了解比大多数半导体大公司都要全面。原因很简单：当时的半导体大公司在关键的前瞻性技术领域并没有彼此紧密合作。诚然，英特尔与其他半导体大公司一起制定了关于行业未来技术需求的"半导体技术路线图"，但除非某项技术是可预测的，或被普遍认为一家公司无法单独承担开发成本而需要联合开发的，否则该技术不会出现在半导体技术路线图里。因此，AmberWave 开始与技术路线图的委员会合作，将应变硅技术作为能够满足行业未来需求的可行技术，写入半导体技术路线图中。

我们在整个硅集成电路电子行业的全球性合作关系也改变了我们所追求的技术性质。我们自然需要对客户的详细工程要求做出回应。最初的应变硅技术使用了拉伸型应变，使电子器件的性能提高了 20%~30%。然而，早在 2001 年，我的研究就表明，压缩型应变可以使电子器件性能提高1000%。尽管后者具备性能上数量级提高的技术进步,但我们的合作者和我们AmberWave公司显然都希望追求更渐进的路径,即20%~30%性能提高的拉伸型应变,因为压缩型应变技术开发得还不够充分。尽管我们的合作者有兴趣了解压缩型应变技术的未来潜力,但当时他们和我们AmberWave公司更感兴趣的是将更成熟的拉伸型应变技术产业化。

2001年IBM公司宣布他们发明了应变硅技术,并表示这是一项未来制造集成电路芯片的关键技术,这使得市场对AmberWave公司的兴趣急剧升温。我们公司的技术进步并不广为人知,因为我们一直与合作伙伴签有保密协议。随着IBM的宣布,我们需要做出一个关键性的战略决策:是公开我们所拥有的技术,还是继续保持沉默。我们决定公开发表一份新闻稿,声明我发明的应变硅技术可以通过与AmberWave公司建立合作而获得;AmberWave公司也很高兴IBM公司认识到这些技术进步的重要性。被我们的新闻稿震惊到的IBM公司更正了其最初的新闻稿,澄清了IBM公司并没有发明应变硅,但将是第一个将其商业化的公司。

与此同时,英特尔公司把自己的底牌紧紧握在胸前,它很可能对当时一系列公司正在开发的应变硅工艺技术的程度感到惊讶。然而,根据英特尔公布的资料,它当时并没有在研发应变硅技术,而是研发一种在半导体技术路线图中被命名为"抬升源漏区"的技术。英特尔在应变硅技术的比赛中不同寻常地有些落后了。后来的事实证明,抬升源漏区技术是英特尔用以实现压缩型应变硅技术的意外之路。

追踪这一阶段AmberWave的创新迭代,我们注意到,真正发生的客户业务交易已将创新迭代收敛到数字集成电路市场上。由于工程技术服务和材料供应商这一商业模式的实施提供了最佳的反馈机制,市场要素和技术要素之间的迭代现在正在迅速发生。与客户、供应商和其他参与者的接触最终也影响了AmberWave的投资者。与客户的业务交易导致了AmberWave对技术要素的聚焦,即客户选择了更合适的"小进步"的技术,而将更先进的压缩型应变硅技术留给了未来。最终,足够多的人和公司参与到创新迭代中,随着IBM的新闻公告到达了一个转折点。虽然AmberWave当时没有与IBM直接合作,但在IBM内部最初研发应变硅技术的研究人员来自斯坦福大学,他们在斯坦福大学时与跟踪菲茨杰拉德在

AT&T贝尔实验室最初科研突破的教授一起工作。另外，在他们进行研究并加入IBM创新体系时，AmberWave已经通过向世界各地的半导体公司介绍应变硅技术而在市场上播撒了种子。

英特尔在2002年也宣布了它将在芯片生产中使用应变硅技术。AmberWave当时还没有意识到英特尔、超微、IBM等垂直整合的微处理器芯片大公司已经意识到的问题：如果没有方法提高小小的晶体管器件的下一代性能，国际半导体技术路线图所规划的进一步微缩晶体管尺寸、在芯片中集成更多晶体管的技术进步（摩尔定律）就会走到尽头。这一技术挑战使AmberWave和应变硅技术被推到了高性能集成电路行业的舞台中央。英特尔宣布它将在2004年生产应变硅集成电路芯片。在2002年和2003年，AmberWave的合作伙伴比以往任何时候都更加努力地去判断要如何将应变硅整合到他们未来的集成电路芯片生产中。然而，随着2004年的临近，英特尔透露了一些其制造工艺的细节，是基于抬升源漏区的压缩型应变。整个业界陷入了瘫痪，大家基本上都在等着看英特尔的工艺具体是什么，以便他们能够跟进。

　　2003 年我开始清楚地意识到，为了继续让创新收敛，AmberWave 必须改变商业模式。从 1997 年到 2003 年，AmbcrWave 在工程技术服务收入和半导体材料销售收入方面一直与市场同步增长。然而，当高性能数字集成电路芯片行业需要采用应变硅技术这一事实明朗后，我们可以看到，AmberWave 未来不可能满足市场对半导体材料或技术服务的需求。当时，一家硅芯片制造工厂每年需要 50 万至 100 万片应变硅晶圆片，而我们公司自己的生产设施只能每年生产 3 000 片，我们的外包供应链每年只能生产几万片，根本无法满足数百万片的需求。

　　2003 年末我认识到，因为英特尔即将发布第一款应变硅集成电路芯片，AmberWave 在未来必须从以下两条路中选择一条：将专利授权给英特尔，或者自己生产基于应变硅的集成电路芯片。但在投资者眼中，这两条路都意味着风险增加。毕竟，应变硅是一项全新的热门技术，他们只是恰好在该领域投资了一家早期公司而已。AmberWave 公司收入一直在增加，公司的价值也随之增加。因此何必去改变现状呢？然而我坚定地认为，无论如何现状都将会被改变，甚至会被淹没，因此我们的选择只能是，或者为生产我们自己的芯片产品募集更多的投资资金，或者缩小公司规模，将剩余资源用于知识产权诉讼。但是公司投资者们不同意我的观点，因此我辞去了AmberWave董事会的职务以示抗议。在一个突然变得竞争激烈的市场中度过风暴对大公司而言可能做得到，但对于AmberWave这样的初创公司却很难。离开公司后我转向了其他创新技术，并创立了其他初创企业。

AmberWave最终于2006年被迫转为知识产权商业模式，与英特尔公司关于知识产权授权问题的最初讨论，导致了双向的知识产权诉讼交锋。AmberWave愿意继续帮助半导体公司开发应变硅技术，但客户现在担心AmberWave强大的知识产权专利库，同时也开始尝试使用英特尔的工艺。后来的事实证明，英特尔可以在其内部完成相关工艺开发，因为它拥有支配市场的地位和足够的资源，它可以通过将所需的材料生长设备整合到它的芯片制造设施中来实现相关工艺，从而规避了对材料供应商的需求。因此，创新迭代必须完全在英特尔内部进行，这迫使AmberWave改变商业模式。但其他半导体公司无法从零开始实施这样的工艺流程,既没有英特尔规模的资源,也没有相关的应变硅知识。因此情况已很清楚,英特尔将能够独自生产应变硅集成电路芯片,数年内其竞争对手无法赶上。也因此 AmberWave 决定,向英特尔公司要求技术专利费。2007 年,英特尔宣布获得了 AmberWave 应变硅技术的专利许可权。后来,该专利库也授权给了另外一家外国半导体制造公司。

这个结果与我开始时的设想大相径庭。我最初期待 AT&T 公司会将应变硅技术应用到芯片中,后来又期待我们新成立的公司通过几条不同路径中的一条实现这一目标,但没想到这个创新最后走了完全不同的路线。但毕竟整个过程发展得不错,英特尔公司在应变硅技术上继续前进,而 AmberWave 公司也实现了投资回报,然后继续进行其他半导体材料技术的开发。我从中学到了大量的东西,有助于我未来的新事业。而且,这项创新现已在市场中,它带来的好处随着未来新应用和后续创新的增长而增长。

在这个故事接近尾声时,被推迟的商业模式转变对

AmberWave来说几乎是灾难性的。2003—2006年间，公司追求的商业模式并非聚焦在能使创新迭代完成的路径上。商业模式转换的延迟无疑使这家初创公司耗费了数千万美元的资源，而且可能会失去应变硅专利授权许可的机会。幸运的是，公司专利库和技术本身的重要性弥补了创新在最后迭代周期上的延迟。

我们前面提到过，在一个组织内执行整个迭代创新过程是困难的。本章的应变硅案例为我们提供一个机构角色比较的窗口：当时的企业研究实验室（如贝尔实验室）与更专注于研究成果产业化的公司之间的比较。20世纪80年代和90年代初标志着由大型头部公司主导行业的时代终结，像贝尔实验室这样的机构仍然非常擅长创新过程的前期阶段，而新公司如当时的英特尔则专注于创新的后期阶段。AmberWave的故事发生在垂直整合的大型半导体公司逐步让位于新兴初创公司和"机构风险资本"的时期。因此，"贝尔实验室—麻省理工学院—AmberWave—英特尔"的发展过程反映了1990—2005年的美国"创新生产线"的转型。今天，英特尔需要自己来做更多的基础研究，并建立了像半导体研究联盟—先进微电子研究项目（SRC-MARCO）这样的大学合作联盟来帮助推进颠覆性创新过程的最早期阶段。

第五章 颠覆性创新的真实故事

应变硅技术的故事讲完了，这里我们想通过借鉴我们在该技术的后续案例以及另外两个案例中的迭代创新过程中的经验来强调最后几点。我们之所以选择应变硅技术作为本书详细叙述的案例，是因为它是本书作者作为核心创新者亲身参与了整个创新过程的一个案例，期间本书作者经历了多个组织机构；它是从创新者底层视角去讲述从最开始一直到结束的整个创新过程的一个案例，因此这是一个非常少见的颠覆性创新案例。通常情况下，如果不是同一个创新者持续参与整个颠覆性创新过程，有关该创新的记录往往会"线性化"，至少是部分线性化。如果用线性化方式讲述我们上面的应变硅创新，故事大概会是这样的：AT&T 的研究发明了应变硅技术，麻省理工学院的研究进一步找到了应变硅材料和制造工艺的解决方案，麻省理工学院的初创公司 AmberWave 将应变硅技术进行商业化，最后英特尔公司获得了 AmberWave 应变硅技术的专利授权许可。这可能足以满足记录历史的目的，但对我们理解整个创新过程的细节及其对个人、组织和政府的影响来说，并没有提供什么真知灼见。我们希望你从本章中已经对创新过程的极度非线性混乱有了清晰而强烈的认识，以及随着创新者的迭代，市场要素、技术要素和实施要素是如何互动有了清晰而强烈的了解。这个故事也使我们认识到创新过程的亚稳态性和敏感性本质。

当创新迭代过程是以依次降低下一个最大的不确定性因素的方式进行时——不管这个过程是始于市场要素、技术要素还是实施要素——并且这个不确定性的降低是基于高质量的学习和抽象时，创新迭代过程在时间和资源使用方面是最优化的。迭代的效率与创新者的技能以及学习所依赖的高质量信息的获得相关。在所有三个领域的高质量知识和经验都很丰富且易于分享的环境，对迭代效率会有积极的影响，比如在原来的AT&T贝尔实验室里，早期的颠覆性创新快速地收敛到一个研究方向上。不过即使在那里，进行"卓越研究"所需的全面性也是不能被缩减的。在引进风险投资之前的AmberWave的环境对于创新后期的迭代也是非常有效的，这归功于与不同市场的许多客户互动的灵活性。同样地，基于业务交易的高质量学习所需的全面性也是不能被缩减的。在这个故事中，AT&T贝尔实验室和风险投资之前的AmberWave都具备突出的创新效率，尽管处于不同的创新阶段。这两个机构环境的共同点是，两者的人员主要都是由优秀的创新者构成，而创新者的固有特性是将创新迭代过程作为首要任务。

我们可以从后来的创新界面公司（Innovation Interface）

经验中获得确认的数据，创新界面是一家致力于大学—产业合作机制的公司，在这个机制中，我们将年轻一代的聪明创新者组成多个团队，与经验丰富的年长创新者和相关企业一起合作进行创新。我们创新领域覆盖从消费类产品到大型工业基础设施等多个行业。从组成各不相同的多个团队的经验来看，证实了允许创新者去跟随创新过程自然发展的环境是非常重要的。

依此类推，当思维模式和动机不以迭代创新过程为导向的人员成为主导时，创新效率会受到负面影响。在应变硅故事中，AT&T的情况就是这样，当其管理层不能帮助创新技术商业化时，促使菲茨杰拉德转换到麻省理工学院继续创新进程。在此之前，创新进展在贝尔实验室受到了阻碍，直到最后别无选择只能转换到其他组织机构，随后的转换过程耗费了很多时间和努力。在AmberWave公司的后期阶段，在风险投资者主导下撤销高效太阳能电池的决定给公司带来了极大影响，尽管太阳能电池是公司迭代过程收敛出的进入市场的最佳技术领域。虽然在当时的情况下菲茨杰拉德在AmberWave选择引入风险投资，但非常幸运地，AmberWave最终有一个好的"另类结局"。

后来，基于更多的颠覆性研究，菲茨杰拉德在Amber-

Wave公司之外重新开始了太阳能电池技术研发。吸取了过去的经验,他这次采取了非常不同的融资方式。以下是菲茨杰拉德对重新启动的太阳能电池创新之路的简略描述。由于本书写作时公司有保密要求,因此在此略去了公司的具体名称。

经过五年时间的进一步基础研究,我们证明了可以集成高质量的光电子材料,从而制造出比现有高效太阳能电池重量更小成本更低的产品。我们成立了一家初创公司,以推动最后的迭代过程,实现该创新的商业化。恰恰在这个时候,石油价格飙升到超过每桶100美元,最终达到140美元。风险资本当时一直试图为太阳能创造一个投资市场,因此有一长串的风投公司想要投资我们公司,但我们没有接受任何股权投资。为什么呢?这一次,我们不想让当代投资资本力量主导公司决策,而是希望继续跟随迭代创新,并以迭代创新的更长远视野为导向。随着公司技术的进步,这些信息反馈到成本模型中。模型显示出,我们的产品要想达到大众市场甚至更广泛应用的程度,除非有一个长时期的太阳能"泡沫"。在目前情况下,我们的高效太阳能电池的成本在未来五年内不可能降到市场上现有产品的成本水平。

迭代创新迫使我们的公司往更高端的市场发展，瞄准高度重视技术性能的利基市场。在这些利基市场，政府是主要客户，事实上我们的创新技术赢得了一项生产高效率低成本轻型太阳能电池的政府合约。请注意，我们在这个利基市场中的所谓"低成本"仍然比大众市场上的大规模硅基太阳能电池高出一个数量级，但已远远低于其他现有的高效太阳能电池技术。在这个方向上的创新迭代很明显收敛于指向利润丰厚但规模不大的高端市场。计算表明，如果按照当前盛行的机构方式引入风险资本，最终可能会扼杀公司的发展。然而，我们采用了公司创始人个人小额投资的方法，我们的早期回报率远远超过了风险投资行业的 20 年平均回报率。

更多创新迭代事

这个简单的案例展示了将迭代创新过程进行到底，同时避免与创新过程不同步的资本投资者可能带来的扭曲的好处。但外部资本投资也能起到推动迭代创新的积极作用，在这一方面，我们分享以下经验。

在这个案例中,一位发明家致力于研究一种以类似于制造 DVD 的低成本方式来制造半导体存储器件。他的兴趣点是借鉴 DVD 的制造工艺流程,但最终产品不会像 DVD 那样采用光学方式存储和读取数据,而是完全采用电学方式。DVD 的制造非常简单和便宜,只需要很少的工艺步骤和很少的光刻掩模层。在极少的初始资金以及后来的一笔小额天使投资支持下,发明家在五年内研发了一系列技术并申请了专利。他独自工作,试图取得进一步的进展,但是基于我们的创新模式,他无法走向真正的创新,因为他既没有市场要素,也没有实施要素的知识。

一位风险投资家认识到这项创新的一些潜力,但也认识到如果没有其他领域的专业知识,这项创新将很难有进展,因此他找来了一位经验丰富的创新者一起参与,大家围绕着发明家的创新概念一起创建了新公司。这位创新者带来了一些市场要素知识,以及对本项目更重要的实施要素知识。他将发明家的一系列旨在制造"低成本"存储器但相互关系松散的概念和专利梳理了一遍,他的实施要素知识告诉他,这里的大多数发明和想法与实现该目标无关,或者非必要。事实上,在这一阶段的迭代中只有一个专利和一个概念幸存下来。在这个项目中，实施要素的一个关键部分是关于成本和制造工艺之间的关系以及相关设计的知识。通过将低成本存储器的目标与这两方面的信息相结合，产生了一个新的设计概念，它成为本项目继续推进下去的一个关键创新。经过这第一次创新迭代过程获得的聚焦后，第二次迭代结果显示，通过采用基于这一项专利的新设计，可以节省80%的制造成本。此外，通过与现有制造企业合作可以生产出创新原型。

在我们写作本书时，这个真实故事仍在进行中。我们分享这个故事是为了阐明，当各方都像这位风险投资家一样与迭代创新过程协调一致时，他们可以参与进来并提供巨大帮助。在真正的迭代过程开始之前，这个案例中一系列的概念意味着有可能需要建设多个工厂和工具。然而，通过一次从实施要素一端开始的创新迭代过程，他们从一系列技术要素中筛选出一个有潜力的专利。

在我们分享了上述两个分别从技术要素端和实施要素端开始的创新迭代过程案例后，我们想用一个从市场要素端开始的创新迭代过程的简单案例来结束本章。这是关于一家名为 The Water Initiative 公司的故事。

The Water Initiative 公司的创始理念是，世界人口增长和经济增长正在为使用点（POU）净水器创造一个巨大的市场。许多发展中国家的经济发展已经使大量人口摆脱了贫困，所以他们现在有能力购买曾经无法负担的东西。在很多情况下，他们首先希望得到的是不需要煮沸或采取其他烦琐步骤的直饮水。他们也许已经拥有进入家庭和建筑物的自来水管道系统，但他们需要将这些自来水净化，这是一个潜在的市场。目前已经有许多公司进入了这个领域，但还没有一家公司能够达到我们创始人展望的产品生产规模。从市场要素的角度仔细观察，你就会发现原因。大多数公司都采用以下商业模式和技术要素路径：（a）向任何愿意购买的人出售使用点净水器——这就是"技术推动"模式，它将获得一部分市场份额，但会错过那些负担不起或不喜欢这一产品的用户，或者（b）向市场推出一款适合所有人使用但成本高的产品，但这只能在很小的高端市场中获胜。用户要么根本买不起，要么就会选择价格较低的替代品。

吸取了先前的错误教训，因此在第一轮的迭代中认识到针对不同市场的进一步迭代需要做好以下几件事情。首先，一个包含使用点净水器所需的一系列现有技术组件的数据库，以使技术要素的内容随时可见并可用于迭代创新。其次，一套用了了解每个地方的确切市场需求和用水行为模式的体系。最后，一套用于确定适当的商业模式以在当地社会和经济参数范围内实施的体系。The Water Initiative 公司正在与一家服务公司合作开发一套迭代创新的程式，旨在实现以下目标：能够在全球任何地区开展工作，开发出当地所需的技术要素和商业模式，以快速交付能真正满足当地特定市场需求和实施要求的创新产品。

公司制定的程式在第一个测试区域墨西哥就获得了成功。该程式的核心是通过一个与当地社区合作的方法来确定当地的市场需求并选择合适的商业模式，同时与技术团队进行迭代。这个过程最终开发出一款当地人能够承担，同时让公司有盈利用于可持续发展的净水器产品。这个净水器是一个独立的装置，直接与供水管道相连，可饮用水直接从水龙头流出。用户通常租用设备并每月支付一笔负担得起的设备租用费。在本书撰写时，这项创新正在试点地区迅速扩大，公司正致力于在其他新的区域复制这一程式。

我们希望本章的几个真实故事能让你深入地了解迭代创新在现实中是如何进行的。你也看到了创新环境，即"创新生态体系"或者"创新生产线"，是如何正向影响或反向影响创新过程的一些例子。接下来我们把注意力转向这个生态体系。下一章将追溯它的历史演变和最近的衰退。通过了解哪些是有效的，哪些是无效的，我们为探索如何建立一个更好的体系做好准备。

第六章

美国的创新体系

"好的,先生,您是雅典人,是智慧和权力都享有最高声望的最伟大城市公民;您难道不为自己渴望拥有尽可能多的财富、声望和荣耀而感到羞耻吗?而对于智慧、真理和您灵魂的最佳状态,您却不关心,也不思考。"

——柏拉图《申辩篇》(*The Apology*)引用苏格拉底之语,

公元前 399 年

在本书中,"创新体系"或"创新生产线"是指在一个社会中用以培育和支持创新的整体环境。该体系中的一部分是明确为创新而设计的,例如研究经费;另外一部分,对创新的支持(或对创新过程的某些关键方面的支持)似乎更像是某个组织或整个社会某些特质的幸运副产品。所有这些汇聚在一起,构成了一个创新体系,这可能是一个可以为了增强创新成果而进行调整的体系,但也可能是一个会无意中被打乱从而损害创新过程的体系。

本章回顾美国的创新体系是如何随着经济和社会的变化而演变的。我们将看到是什么使得这个体系曾经如此高效，以及后来又是什么使它恶化并在进入 21 世纪之后逐步崩塌。我们从美国的建国开始回顾，看看那些帮助这个国家成为早期创新孵化器的因素。

早期美国的创新体系："前沿"探索

美国的建国恰逢现代技术工业创新奠定基础及经济增长随之而来之时。这是一个幸福的巧合，导致了一段幸福的婚姻：创新和美国互相促进。美国革命发生在工业革命蓬勃发展之际。1776 年夏天，当北美洲殖民地代表在美国费城会议上宣布独立时，詹姆斯·瓦特（James Watt）和马修·布尔顿（Matthew Boulton）正在英国完成他们的蒸汽机的首次商业安装。同年，亚当·斯密（Adam Smith）的《国富论》（*Wealth of Nations*）出版，强烈主张允许自由市场中的个人创造财富增长。

在当时，经济增长的概念本身几乎与自治民主一样是一个激进的颠覆性思想。在此之前，尽管某些地方显然比其他地方更富有，但整体经济增长是微不足道的，几乎无法想象增长的事情。从罗马帝国的覆灭到工业革命的开始，西方世界的年增长率估计约为0.25%。直到强劲的增长真正变成现实之前，人们没有充分意识到社会出现更加强劲增长的可能性。而当增长确实发生时，它显然与创新有关：要么与蒸汽机这样的新技术要素有关，要么与进行劳动力分工的工厂系统这样的新实施要素有关，亚当·斯密在他著名的针厂例子中阐述过后者。

因此，舞台搭好了，新成立的美利坚合众国刚好是上演这一戏剧的理想环境。因为没有国家对个人生活的指导，也几乎没有贵族地主的遗留影响，政治和个人自由与经济和"捣鼓"自由两者携手同行——这里的"捣鼓"是指在现实世界中运用科学和技术想法进行实验的古雅术语，接近我们现在所说的迭代创新。在美国国父中，从贵族种植园主杰斐逊（Jefferson），到自力更生的城市人富兰克林（Franklin），都是著名的"捣鼓"创新者。当然，其他国家也有类似的创新者，但新建立国家所具备的自由似乎呼唤出了更多的这样的人。

社会平等的特性还产生了另一个深远的影响。当阿历克西·德·托克维尔（Alexis de Tocqueville）在19世纪30年代访问美国时，他惊讶地看到美国人在"不断组建各种组织"，各种不同目的的组织，从市政，慈善事业，到艺术和娱乐等。他写道："在法国，你看到一些新事业的领头人是政府人员；在英格兰，你看到的是新的贵族人物；而在美国，你看到的是协会。"他还指出，在组建工业和商业协会的多重目的里面，有一个目的特别突出："让所有人都参与其中。"用这本书的术语来说，庞大而蓬勃发展的"协会"网络做了几件事。它创造了各种业务交易式学习的场景，帮助培育了一个充满实践经验的社会群体，这个群体来自各个学科，试图将想法变成实际应用。这个大网络的中心是最重要的活动：形成创造财富的商业活动。

一次又一次的迭代，不仅带来了发明，也带来了创新。罗伯特·富尔顿（Robert Fulton）发明了很多东西，但他并没有像有时候人们所认为的那样发明蒸汽船。他的贡献在于建造了一艘可靠的蒸汽船并开始了世界上第一个成功的蒸汽船服务，证明了这种新的交通方式的可行性。电报是由包括美国在内的各个国家的多位发明家几乎同时发明的，但正如历史学家哈罗德·埃文斯（Harold Evans）所指出的那样，是塞缪尔·莫尔斯（Samuel Morse）迈出了最大的一步，因为他"**创新了电报**"。莫尔斯通过一系列实施要素和市场要素的特征组件完成了这项创新，比如后来被普遍使用的他的"莫尔斯电码"；他还采取了其他一系列必要措施，使这个发明被广泛应用。

19世纪涌现出来的创新带来的影响是无法估量的。赛勒斯·麦考密克（Cyrus McCormick）是位农民，他花费了十多年时间对他的机械收割机进行了迭代，使其接近完美，然后先将其销售到有限的市场范围内进行测试，最后再进行大规模市场营销，取得了惊人的效果。他被选入法兰西科学院，因为"他为农业发展做出的贡献超越了其他人"。他的创新所带来的效率等方面的提高帮助全球劳动力从农业中解放出来，并加速了美国向西部扩张的步伐。

而这个向美国西部扩张的过程又成为另一个促进创新发展的推手。如果说由于移民愿意离开熟悉的家园而成为最具活力和冒险精神的人，那么美国从殖民地时期开始就已经具备了这方面的优势，因为它是一个由大量移民组成的社会。这个国家的彻底开放性，既是在物理意义上因地广人稀而开放，也是在社会意义上因没有长期积累的社会等级制度或约定规范而开放，这种开放性造就了一片"绿洲"环境，吸引着那些希望塑造新秩序的人。而美国西进运动的开放性，使这个效应倍增。这里是另一片广阔的空间。即使有很多来自海外的新移民源源不断地涌入美国，许多已经定居在东部的人也依然被激励着再次启航，继续向西。弗雷德里克·杰克逊·特纳（Frederick Jackson Turner）在他的历史著作《美国边疆论》（*Frontier Thesis*）中指出，西进运动的这些现象培育了与今天被称为"创新特质"相关的个人和社会特质。西进运动还将开拓者牢固地确立为美国文化中的象征性人物，几乎每个人都想开辟新的道路，探索新的领地。

　　第一波创新的成功帮助美国建立并完善了支持创新的体系。随着不断创造出来的财富，19世纪中后叶的美国涌现出大量寻找投资机会的资本。远在今天的风险投资行业出现之前，年轻的托马斯·爱迪生（Thomas Edison）当年很容易为他的第一个创新公司找到资本，许多其他人也是如此。不过更重要的一点是学习机会，学习成为一个以技术为基础，但同时扎根在实现要素和市场要素的实践之上的创新者。随着机械化技术在社会上的普及，一代代年轻人在机器车间长大，或者在农场上成为自己动手的机械师，或者在工作中使用电报设备（像爱迪生一样）。年轻的安德鲁·卡内基（Andrew Carnegie）曾担任工厂工人、电报员和商务办公室里的秘书，这使他在青少年时期就获得了前辈在商业和投资方面的个人指导。他从未在技术上精通钢铁工作，也从未成为"钢铁专家"，但他后来之所以能够改进钢铁的大规模生产，得益于市场要素和实施要素这两方面：他对市场要素非常熟悉，因为他早期的商业经验是在铁路行业，这是钢铁的主要客户。同时他在实施要素上做了创新：他创立了一家钢铁公司，装备了最新技术，提高了效率，并将这家公司建设成为垂直整合一体化企业的典范，使它拥有所有产业链环节，从铁矿、煤矿一直到高铁制造过程最末端的轧钢设备，甚至为了证明钢铁对桥梁的价值公司还对桥梁建设进行了投资。

远在"分拆公司（Spinout company）"这个术语流行之前，当时的新兴工业企业已经成为那些有志于脱离公司以追求自己创新的人们的学习场所。亨利·福特（Henry Ford）是一个在机械方面很擅长的农家男孩儿，他曾在机器店里当学徒，后来在爱迪生的公司工作时扩展了自己的技能，然后离开那家公司开始了自己的汽车制造事业，并像他的前辈一样非常轻松地就找到了投资者。（顺便说一下，在开创性的福特T形车出现在市场之前，他为了这个创新迭代过程花费了10年时间。）

简而言之，在美国，涌现出很多有能力进行工业时代创新的人。而创新支持体系的另一项发展，即以实践为导向的大学的大量创建，又进一步加强了这一趋势。许多大学都是在1862年的美国联邦莫里尔法案（Morrill Act of 1862）下创立的，该法案促使各州创建旨在促进农业科技和"机械技术"

学习的大学和学院。在那个时代成立的大学中最著名的就是麻省理工学院。虽然今天麻省理工学院以研究和教育著称，但在创立后的很多年里，它主要是培训多个领域的职业工程师的培训学校。（卡内基于 1900 年创建的"卡内基技术学校"，也就是现在的卡内基梅隆大学，也经历了同样的过程。）

然而，在 20 世纪初，人们越来越清楚地意识到，全国各地都需要更加注重基础科学的研究。尽管美国有许多杰出的科学家，但在基础研究领域美国不是世界领导者，而且当时基础物理学已经取得了很大的进步。大多数工程领域长期以来一直采用的经验性"黑盒子技术"的神秘面纱正在不断被深入的理论知识揭开并得到补充与改进。研究不断开辟新领域，同时使实践创新者能够在实践中更有效地解决问题。此外，随着底层共同原则的发现，不同技术专业领域之间的融合和跨学科合作也越来越普遍。

对此美国的创新体系做出了多方面的应对。那个年代的一些实业家变身为慈善家，他们直接资助研究项目，比如洛克菲勒（Rockefeller）在医学科学领域的资助，其他人则在从火箭技术到新兴领域等广泛领域进行资助。越来越多的公司建立了企业研究实验室，其中一些成为实践背景下基础科学的中心，尤其是从 20 世纪 20 年代开始的贝尔实验室。同时，一些以产业为导向的工程学院增加了科学研究,尤其是麻省理工学院。后面这两个发展尤其有价值,因为正如我们前面所述,科学研究和其实践应用都是同一创新过程的组成部分,两者需要同步迭代;因此,如果所有方面的知识都存在于同一创新环境中,对创新的帮助非常大。那之后的很多年,贝尔实验室、麻省理工学院和其他一些研究机构构成了美国高效创新的最佳场所。

在20世纪30年代和40年代,也就是美国经济大萧条和第二次世界大战时期,投资资本的收紧和战争的迫切性要求更快速地收敛出真正有效的创新,这使创新效率进一步提高。再后来,市场的力量迫使将远期科学研究隔离开来,使之与实际技术专业知识隔离开来,与实施要素和市场要素的需求知识隔离开来。我们后面将会看到更多这种情况。但现在让我们回到20世纪30年代,此时美国进入了现代,我们可以追溯美国创新体系在那之后所经过的几个演变阶段。

现代美国创新体系的演变阶段

(一)大约1930—1950年:科学和技术的国家聚焦

20世纪30年代出现了一个开创性的人物。他是范内瓦·布什（Vannevar Bush），一位杰出的工程师和创新者，曾于1932年至1938年担任麻省理工学院工程学院院长，之后出任二战期间美国政府新成立的科学研究和发展办公室（OSRD）主任。布什此前在第一次世界大战期间曾是美国国家研究委员会的创始成员，该委员会于1916年组建，旨在为美国参加一战提供科学和技术能力，并在一战后转型为一个民用机构。随着二战的发生，欧洲再次面临战争的威胁，他意识到基于技术的创新将再次改变战争的局势。[更多详细内容参见Gregg Pascal Zachary的书籍《无尽的前沿：布什传》(*Endless Frontier: Vannevar Bush, Engineer of the American Century*)]

布什开始呼吁对创新进行新的、更有力的协调，但一战留下的印象使得许多美国将军认为"战争市场"是成熟的市场。他们认为布什的关于未来的创新会改变战争的想法是不切实际的，甚至担心科学家会对国防规划产生过度影响。好在布什与罗斯福总统以及一位有远见的将军保持着紧密的联系，他说服总统组建了一个联合军民委员会，该委员会最终促成了科学研究与发展办公室（the Office of Science Research and Development，OSRD）的成立。随后，在全国范围内启动了数百个快速的研发项目，从曼哈顿计划到大规模生产用于战地医疗的抗生素。如今，布什被认为是二战中盟军胜利的重要因素之一。

二战之后,两件事情极大地改变了美国。第一件事情是布什在1945年向杜鲁门总统提交的报告《科学:无尽的前沿》(*Science: The Endless Frontier*)中阐述的一个教义。他指出,二战期间很多技术创新帮助他们赢得了战争,其中很多创新都是在很多年前就已完成的基础研究的基础上进行的应用开发。(这样的例子包括雷达技术、声呐技术、医药技术等。)他认为,基础研究显然是未来的源泉,无论是为了持续的国防准备还是为了和平时期的经济增长;因此政府应该正式地大力投资基础科学,特别是在大学里。

今天我们很难想象在历史上美国政府和许多其他国家政府曾经没有大量投资于科学研究。然而,直到进入20世纪后很久,美国联邦研究预算中最大的项目只是在农业方面,而且其中大部分是应用研发。直到布什的教义,才促成了美国国家科学基金会和其他经费机构的创建,这些机构资助了从生物医学到材料和电子学等各个领域的基础研究,并帮助培养了研究人员。

除了布什的愿景,造就美国超高效"创新生产线"体系的还有第二件事情。德国、英国、法国、日本等其他国家在二战中遭受工业基础设施的破坏导致它们落后几十年,而美国的工业体系不仅完好无损,而且比二战前的任何时候都更强大。这造就了美国创新体系的新阶段。

(二)大约1950—1980年:"官僚资本主义"时代的"非竞争创新"

在战后完整无损的工业体系基础上实行布什的愿景,这意味着每个基于颠覆性创新建立起来的美国公司基本上都成为事实上占据垄断地位的企业。IBM先是在办公设备领域然后是计算机领域,柯达是在胶片领域,施乐是在复印领域,等等。这些事实上垄断的企业即使是在资本相对受限的时期也创造了资本。由于在终端市场上没有面临大的竞争,这些公司获得的高利润为他们探索未来的科学与技术提供了资金。公司有能力负担面向未来五到十年或更久远的研究实验室,这些研究最初使公司利润获得了更高的增长,从而得到公司更多的研发资金投入。这种增长和研发之间的正反馈使得迭代创新过程在这些大公司内部得以发展。在这段时期,技术要素、市场要素和实施要素不仅同时存在于这些公司中,而且它们还在这个过程中密切互动。仅贝尔实验室一家机构就产生了一系列令人惊奇的颠覆性创新——从晶体管到二氧化碳激光器再到UNIX操作系统等。

此外，当时许多大型企业仍然是，或者正在变成高度垂直整合的企业。AT&T 及其子公司制造你使用的电话机，同时也通过公司建造的电信体系提供通信服务；IBM 生产和销售计算机硬件同时也生产和销售软件。这意味着这些企业拥有广泛的跨领域的技术要素和实施要素利益。在这些企业之间开展基础研究合作也是可能的，因为每个企业都控制着自己的终端市场。这使一个"科学共同体"得以存在和繁荣，每个公司都愿意投资科学和技术进步的研究，而不必担心它们的投资让竞争对手不成比例地受益。

在二战之后的发展时期，麻省理工学院和其他大学逐渐往更远期的前沿领域研究发展。由于无法在创新方面与企业竞争，大学最终被排除在企业创新过程之外，因为它们缺乏重要的实施要素或市场要素知识。然而，大学培养了了解前沿新科学进展的高学位毕业生，为社会源源不断供应创新人才，为企业创新过程提供了技术要素方面的支持。

同时还存在一个重要的相互作用力：企业影响和引导着大学的基础研究，这并不是通过专制或迂回的方式，而是以建设性的方式帮助大学的科学研究聚焦于有前途的探索领域。例如，通过跟踪企业的创新，引导政府科研经费的去向。如果一个企业研究实验室宣布了一个他们认为很重要的科学发现，或者开始与外界交流他们认为可能会产生有用的创新的新科学领域信息，政府科研经费机构会将其视为一种"信号"，促使这些机构从大学里征集该领域的研究项目提案。

这种"信号"的一个例子是上一章中描述的在AT&T贝尔实验室发现的应变硅技术。通过"科学共同体"，AT&T公司和IBM公司研究机构的科学家们兴奋地交换关于这一发现的消息，很快政府就资助了大学里的相关项目，以继续推进应变硅和锗硅方面的基础研究。

有人可能会问："为什么政府要在一个企业已取得颠覆性突破的领域资助大学的基础研究？这不是重复投资浪费钱吗？"实际上，这是一个非常聪明的安排，原因有几个。首先，一个新领域的最初突破并不意味着该领域的基础研究已经完成。通常，它只是打开了研究的大门。其次，在任何时候都有无限多的研究方向值得政府提供资助。如果你想选择真正具有实际应用潜力的项目，那么企业里那些具备专业知识的基础科学家的研究兴趣是一个相当不错的指向。最后，大学的研究生们承担了大部分政府资助的研究性工作。无论他们的研究是否在当时取得成果，他们都在一个被工业界认为至关重要的领域获得了经验，当他们被企业聘用后，他们已经具备可以参与到创新过程中并做出贡献的基础。

因此，大家都从中受益，并且这里还存在一个有关基础研究的直接交流机制。那个年代企业里的高水平研究人员深度参与到科学期刊的同行评审和编辑工作。他们在科学会议上和大学校园中的持续参与，进一步向大学和政府传递了关于基础研究的领域方向，同时经常起到现实性检验的作用。企业鼓励研究人员花费大量时间与科学共同体进行这些互动，同时由于不需要像学术界那样不断积累学术论文，他们可以将目标聚焦于高质量的研究。这种存在于企业创新过程、政府对创新的经费资助和大学三者之间的相互作用，支撑着战后几十年美国创新体系的高效发展。

但那个时代的系统也有缺陷。尽管许多企业研究实验室在基础研究和创新过程的早期迭代方面做得很好，但通常情况下这些企业本身并不擅长完成整个创新过程，尤其是当创新非常具有颠覆性的时候更是如此，无法轻易地与公司现有业务相融合。AT&T公司从未获取贝尔实验室那些伟大发现的全部价值，在将创新整合到业务时，AT&T公司从中获得的利益并不比其他公司多。施乐公司（Xerox）的帕洛阿尔托研究中心（Palo Alto Research Center）曾经开发出许多现代网络化电脑的组成技术而名扬四海，甚至开发出了可工作的计算机，但施乐公司从未成功进入该市场。类似的例子有很多。

当然，许多创新迭代过程的后期是在迁移到创新源头公司之外完成的，但随着时间的推移，创新源头公司未能实现价值的失败对该公司内部基础研究的未来发展不是一个好兆头。对比之下，更直接聚焦公司现有业务的渐进式改进的研发工作可以获得更可靠的回报。

战后的成功极大地强化了大型企业的官僚体制倾向。官僚体制是指制定特定人员工作角色和做事规范的体系，旨在高效地管理大型机构。然而，其遏制效应也早已被注意到，在20世纪50年代后期的研究中，如威廉·怀特（William Whyte）的《组织人》（*The Organization Man*）一书开始引起警觉。然而，加强公司中每个层级和每个职能的专业化程度成了常态。车间工人的工作规则详细说明了熟练工匠可以做什么和不能做什么。在大学里工程学科和MBA的学生深入学习了各自领域的理论和公式，但其他领域知识学得很少，他们毕业后被安排在相应专业的工作岗位上。渐渐地，给跨学科人才和跨学科交流留下的空间越来越少，而这些却是迭代创新过程的关键驱动因素。优秀的经理人试图创立新的体制以避免这种一个萝卜一个坑的鸟笼效应，但随着企业变得越来越复杂和庞大，这是一件非常艰难的事情。本书的合著者之一卡尔·施拉姆（Carl Schramm）将整个战后时期称为美国的"官僚资本主义"时代。

此外,虽然颠覆性创新一直是个高度迭代的过程,但这一事实并没有被广泛认识,即使是富有远见卓识的范内瓦·布什似乎也没有完全理解这一点。在给杜鲁门总统的里程碑式的报告中,他直言不讳地说:"基础研究是在没有考虑实用目的的情况下进行的。"他在这份报告和其他文章中都指出,可以从一堆随机的研究成果中挑选出有用的成果,然后通过一个艰苦但几乎是线性的过程开发成产品。

在此之后,这种"漏斗"式的线性模型逐渐成为"创新管理"的隐性模型。普遍的想法是,从该过程的第一步骤 A(研究)非常广泛的成果中挑选出最佳,将它们转移到第二步骤 B,如果其中一些无法完成这个步骤,将无法转移到第三步骤 C。只有适者生存,不是吗?谨慎起见,应该从进展缓慢的那些项目中撤回经费,并将经费集中投入数目越来越少的优选创新项目上,直到其中一些项目走完整个创新过程。

尽管真正创新不是这样发生的,但研发机构的组织架构却采用了这种线性模型。通过改变创新过程去适应机构管理的需要,而不是改变机构管理方法去适应创新过程的需求,企业逐渐停止了对未来市场重要的创新。随着时间的推移,需要长期迭代开发的项目创新其产出率自然不高,导致了研究人员被分配到直接为最终业务服务的开发性工作上。因此在企业内部对开展基础研究的合理性辩护变得非常困难。成本—效益分析总是显示,削减前瞻性前沿研究不但不会损害企业的盈利能力,反而会增加盈利能力。各种因素逐渐积累起来,导致了企业研究实验室的消亡;这些实验室里应用导向的丰富环境曾经使得跨学科的创新者在技术要素、市场要素和实施要素之间进行创新迭代。

随后发生了原有创新体系的消亡,以及美国官僚资本主义的消亡。

(三)大约1980—2000年:在"创业资本主义"崛起中的"创新吸收"

在二战中受损的国家最终得以重建和复兴。许多美国公司不再能够维持其垄断地位,比如柯达公司在胶片市场面对富士公司的激烈竞争,施乐公司遭遇佳能公司的竞争等。曾经在美国龙头企业之后占据舒适的国内市场份额第二位或第三位的美国公司,如今面临着来自外国竞争对手的激烈挑战,其市场份额下滑到令人手足无措的第五位甚至第七位。

这些竞争对手通常利用了科学共同体取得的进步,并创造出他们的创新产品,因此他们不需要付出基础研究的成本

（或者更确切地说，是颠覆性创新研究的成本）。他们的许多创新往往都是渐进式创新或者是中等程度的创新，但这些创新产生了对于市场上的客户而言是决定性因素的产品品质或价格的改善。在这一时期，许多非美国企业，尤其是日本企业，磨炼它们的公司以推动这类创新。一些美国公司，比如英特尔，认识到他们需要专注于制造技术而不是研究，以维持企业增长和利润。

因此，科学共同体的资源开始枯竭。在新的竞争环境中，美国企业被迫达到与竞争对手一样的效率。这个过程在20世纪80年代末和90年代达到了顶峰，当时大部分企业研究实验室剔除了基础研究。公司变成了开发、制造和分销产品的专业者。许多公司还通过将制造外包给专门从事制造的公司来实现公司增长。全球竞争的力量将垂直整合的公司转变为专注于供应链上一个特定环节的专业公司。在这种从垂直结构向水平结构的演变过程中，过去已经获得的储存在企业中的创新成果无法在企业内部进行产业化，未来的颠覆性创新迭代也因为技术要素和相关实施要素知识的消失而不再可能在公司内实现。

随着这种变革，支持创新的资本结构也发生了变化。虽然在经济上能够产生惊人收益的垄断地位企业不复存在，但美国政府监管力度的减少（如养老金计划的可转移性，针对养老金基金投资的"谨慎人规则"的重新解释等）增加了创新者的流动性并创造了寻求高风险、高回报投资的资本池。许多这样的资本流向了基于从大企业中释放出来的已部分完成的创新而成立的初创企业。例如，以太网网络技术是在施乐公司 PARC 实验室发明的，并在公司内部设施已有部署，但直到其共同发明人鲍勃·梅特卡夫（Bob Metcalfe）离开公司并创建了获得风险投资支持的设备公司 3Com，并广泛推广以太网标准后，该技术才真正开始流行。这发生在因 1978 年"谨慎人规则"的修订而导致的风险资本池规模扩大之后不久。之后还有许多类似的例子。

在摩尔定律范式推动下，集成电路的晶体管密度每两年翻一番，风险资本投向了全国各地原本被冻结的创新者和被搁置的新创意。正如前文所述，集成电路革命导致了个人电脑和软件行业的崛起，提高了整个经济的效率。生产率的提高使得可以用更少的劳动力产生更多的资本。更少的劳动力通常意味着失业，但由于创新不断产生，新企业和新行业不断涌现，许多人反而从大公司官僚体系机构中释放出来（这时企业官僚体系也正在大规模缩减），在新的高增长公司中找到了工作。正如施拉姆等在 2007 年的《好的资本主义与坏的资本主义》(Good Capitalism, Bad Capitalism)一书中所描述的,"创业资本主义"正在全面崛起。

在创业资本主义的创新体系中,有几个非常重要的效率往往被忽略。首先,在这一时期由风险资本资助的创新者不是新手。无论他们来自大公司还是在车库创建和运营小企业,他们除了拥有技术要素知识外,还具备市场要素和实施要素知识。如果他们缺少某些关键知识,他们可以在加利福尼亚州的湾区等地相对迅速地获得这些知识,那里有非正式的信息交流和人员流动,那里的创新者和创业者拥有迭代创新过程所需的所有元素。

其次,在这一时期,早期风险资本资助的许多创新想法之前已在其他大公司得到了某种程度的投资,使得更快的投资回报成为可能。例如,在本章所描述的创新体系转型之前,以下事件已经发生:1947年,晶体管在贝尔实验室里被发明。经过一些后续的迭代之后,共同发明人威廉·肖克利(William Shockley)离开了贝尔实验室,并于20世纪50年代在加利福尼亚州的电子企业贝克曼仪器公司(Beckman Instruments)开办自己的实验室。该公司的一群员工经过一段时间对晶体管的继续研究之后又离开,转而加入了另一家上规模的企业仙童照相机及仪器公司(Fairchild Camera and Instrument）。在那里他们创建了一个名为"仙童半导体"（Fairchild Semiconductor）的部门，专注于当时仍然新颖的概念——利用硅半导体制造晶体管。在仙童半导体，该团队的一员罗伯特·诺伊斯（Robert Noyce）开始研究硅集成电路。[现在公认他是该技术的共同发明人，他与得克萨斯仪器公司（Texas Instruments）的杰克·基尔比（Jack Kilby）分别独立发明了该技术。]

仙童半导体在之后的将近十年间，在技术要素、市场要素和实施要素三个领域之间进行很多次迭代，与前面十年间重复收获了许多成果，也经历了许多失败。之后诺伊斯和他的同事戈登·摩尔（Gordon Moore）离开了该公司，并在1968年成立了英特尔公司，以他们认为最好的方式制造和销售硅集成电路。从结果来看，如果说早期投资英特尔公司的人是聪明的，这是完全正确的。但这些投资者并不是投资了一个初始创新迭代过程早期阶段的创业公司，事实上它们的大部分迭代工作已经完成，全部在原公司完成。现在的创新者和创业者已成为经验丰富的老手。

随着风险投资的扩张和企业研究实验室的衰落，类似的案例成为传奇。来自施乐PARC的有关个人计算技术的关键组成技术被新公司所采用并进行了创新完善：图形用户界面技术由苹果公司继续开发，引发了桌面出版系统的印刷技术由初创公司 Adobe 继续开发。在应变硅技术的案例中，菲茨杰拉德经过在 AT&T 贝尔实验室的多年研究发现了技术的基本原理，然后在麻省理工学院进行了进一步研发，最终成立了首家商业化该技术的公司 AmberWave Systems。看起来 AmberWave 的投资者是在投资一个麻省理工学院的创新，从某种意义上来说确实如此，但他们也受益于 AT&T 公司早期在该技术上的投资。在这段时间内，风险资本可以获得高回报，而其风险并不像看起来那么大。

这场奔跑令人兴奋。在改善后的美国创新体系那个时期创造出来的信息时代，其增长足以弥补旧产业的大量就业和收入损失。但是这个创新体系也有弱点。早期的官僚式企业多数善于开始创新但不善于完成它，而后面出现的新体系其特点几乎相反：善于"吸收"和完成已存在的颠覆性创新，但不善于启动创新。

那么大学研究呢？从战后年代开始，所有那些投入大学实验室进行基础研究的美国联邦政府科研经费不是已经产生了一大批颠覆性的技术突破，进而转化为初创公司和新兴产业了吗？实际上，尽管大学研究在某些情况下确实非常有价值，但在 20 世纪末美国经济增长中，它被奇怪地给予了比它应得的更多功劳。现在让我们来列举一些证据。

由专门聚焦于创业增长的尤因·马里恩·考夫曼基金会（Ewing Marion Kauffman Foundation，后简称"考夫曼基金会"）资助的和发表的研究报告已经多次表明，实际情况并不像看起来那么泾渭分明。其中的发现包括一些在美国联邦研究经费排名较高的大学在技术商业化方面得分反而比较低。一项针对6所顶级大学的3 000多名科研教职人员长达17年的研究，发现接近三分之二的人从未正式公布过任何发明，更不用说进一步将其发展成真正的创新。在对另一批大学进行的调查中，许多科研教职人员反馈称，申请专利、专利许可和技术商业化极度烦琐，以至于分散了对正在进行的研究的注意力，因此他们要么从未尝试过，要么曾经尝试过但中途放弃了。另一项经济领域的研究发现，大学地区的高新科技经济活动程度与大学的专利和专利许可的多寡不相关。

考夫曼基金会调查发现，经济增长似乎在这样一类地区中能够得到蓬勃发展，这些地区具有高度互联的创新活动"生态体系"，并且有大学深度嵌入其中，例如波士顿地区或硅谷湾区。但是，即使在这些地区，我们的调查也表明，从大学研究转化为初创企业这一线性模式并不是主流模式。例如，1997年波士顿银行金融集团进行的一项著名研究显示，"与麻省理工学院相关"的公司在 1994 年总共创造了 2 320 亿美元的收入，这一数字令人印象深刻，赶上一个较大规模国家的 GDP。人们常常以为，这些大多是基于麻省理工学院研究成果创立，并由风险资本投资的公司。但我们认为情况并非如此，尽管我们没有做非常仔细的数据分析。其中许多是麻省理工学院校友毕业后创立的；许多是在风险资本普及之前就已存在的；许多我们知道的著名大公司并不是基于麻省理工学院创新成果创立的，例如泰瑞达公司（Teradyne，1960 年）和亚德诺公司（Analog Devices，1965 年）。

斯坦福大学被公认为是推动硅谷/湾区发展的源头，基于大学研究成果创立的创新公司多数源于这所大学。斯坦福大学技术转让许可办公室的网站陈述了以下观点：

大多数"斯坦福大学"初创公司是由斯坦福校友创建的，他们毕业后成为企业者；其中绝大多数初创公司是在没有斯坦福大学或斯坦福大学技术参与的情况下创建的。

如果要列出标志性的"斯坦福"公司，大多数人会想到三个极具影响力的企业巨头：惠普、思科系统（Cisco Systems）和谷歌公司。惠普公司是由斯坦福大学工程学院校友比尔·休利特（Bill Hewlett）和戴维·帕卡德（David Packard）在闻名遐迩的弗雷德里克·特曼（Frederic Terman）教授的指导下于1939年创立的，但并非基于大学的科研技术。思科系统是由斯坦福大学IT运营部门的两位人员列昂纳德·波萨克（Len Bosack）和桑德拉·勒纳（Sandra Lerner）于1984年创立的，但他们不是研究人员。谷歌的创始人谢尔盖·布林（Sergey Brin）和拉里·佩奇（Larry Page）是斯坦福博士研究生，作为他们博士研究课题的一个延伸，他们开发了谷歌搜索引擎，这项研究工作确实是一个由美国国家科学基金会和其他机构资助的斯坦福科研项目的一部分。它是由大学研究成果发展出实用创新并获得成功的典范。

然而，自20世纪80年代以来的美国创新体系可以概括描述如下：随着大公司纷纷退出基础研究和长远的颠覆性创新，风险投资和初创公司登上历史舞台，但当时这些初创企业通常是通过吸收并继续开发原有大公司"创新生产线"中滞留下来的技术或者是从大公司的技术中衍生出来的创新建立起来的。同时，大学的研究在持续增长，但逐步离开可能导致实用创新的探索路线，这点我们将在第八章中看到更多详细内容。有人认为大学里有很多伟大的创新等着被释放出来，但这种想法与整个生态系统的演变是不相符的。

此外，一旦风险投资家和其他投资者习惯了这段时期的高回报率，他们就会在那些并不具备真正创新和高利润潜力的地方依然追逐高回报。这时美国体系就进入了下一阶段。

（四）2000年之后[①]：美国创新体系的崩塌

20世纪80年代和90年代是美国创新体系的兴奋期，体系崩塌的早期征兆并不明显，但现在进行回溯会更加清晰。由于各大企业的研究实验室相继解散，我们缺乏对那些尚处于初期的想法和创新其后续命运的全面记录。其中许多创新可能已经丢失，相关信息可能分散在数百万份专利和文献中；其中一些信息随着原企业研究实验室的研究人员到大学任教而转移到大学，这些转移现在已经基本完成。自那之后不再有这类创新者加入生态体系中继续进行创新，也不再有在大公司丰富的实施要素和市场要素的环境中从头开始研发出来的创新。正如我们前面看到的，在大学里从头开始的颠覆性创新的产出率是不稳定的。

从20世纪90年代末到21世纪初，美国大量风险资本投向了互联网相关的创业公司和相应的电信行业部署中。当时

[①] 本书英文原版于2011年出版，因此这一小节是描述美国2000—2011年左右的情况。

很多致命的因素基本上未引起人们注意。其中一个因素是电信基础设施的过度建设酷似19世纪美国铁路线的投机性过度建设，后者导致了崩溃和恐慌。另一个因素是，在这些互联网公司中，渐进式迭代创新可以非常快速和轻松地实现。通过互联网可以直接获得关于市场要素的驱动力和实施要素的可能性反馈。

以上这些动态因素，再加上前期从摩尔定律范式中获得的高利润投资回报，助力了风险资本创造出一个虚假创新的"互联网泡沫"。几乎每一项渐进式创新尤其是互联网相关的渐进式创新，都未经论证就被看作颠覆性创新，都被期望占据整个市场份额，仿佛竞争者不存在一样。一个想法加上一份PPT幻灯片足以吸引数百万美元的高风险资本，尽管这可能只是一个渐进式创新或无法维持长期的竞争优势。摩尔定律范式投资模式在历史上是罕见的，但由于这一非凡的成功，人们将该投资模式也复制到其他科技领域，尤其是生物技术领域，尽管生物技术并没有展示出与电子信息技术相同的颠覆性创新和财富创造特征。[请参见加里·皮萨诺（Gary Pisano）的2006年著作《科学商业》(*Science Business*)，该书的分析揭示了生物技术制药产业迄今为止几乎没有产生太多的实际运营净利润。]

因此，2000—2001年出现了大幅度市场调整。这一调整本来可以彻底地重塑美国的创新生产线，但由于大量资本对追求高财务回报的渴望，以及美联储在"9·11"事件后执行的低利率政策，推高并维持了在投资驱动型的市场上对不切实际高回报的预期。正如我们在本书开头所讨论的，这种投资驱动型市场随后又创造了美国房地产泡沫、金融衍生品泡沫等。对风险的评估是虚假的，不切实际的，仿佛是华尔街和风险投资模型中的一个可以随意设置的变量，而实际上它应与创新所创造的真实财富相关联——创新是财富增长的源头。

风险投资作为一个金融产业，在创业资本主义时期发挥了非常重要的作用：它将在信息时代搁置的创新推向市场。但由于信贷宽松，风险投资最初在帮助官僚资本主义转型为创业资本主义方面作为金融助推器的效果被削弱了。在2001年之后的十年，风险投资继续寻求从早期阶段的投资中获得高回报，虽然我们现在回头去观察都应该能够明显地看到，2001年之后十年的初创公司一般情况下并没有做出真正全新的创新，因此风险资本并没有从对大学里的技术要素（风险资本家错误地视之为已经发展良好的"创新"）的直接投资中获得它所期待的高回报。这种投资回报的失败最终导致很多风险资本从早期阶段投资中撤退转投到后期阶段，行业数据明确地显示出这一趋势。这一改变也缩减了那些准备投资给已经开始了真正的创新迭代并需要投资来支持持续迭代的创新者的早期资本池。

美国的"创新生产线"及其财务要素陷入混乱之中。此时美国大学仍然采用20世纪70年代的运行模式，再加上20世纪90年代创业信贷资金容易获得的财务模式。大学与市场要素之间，以及大学与实施要素之间的鸿沟巨大。而美国的企业，虽然有一定的市场要素和实施要素知识，但在技术要素方面最多只会研发未来三到五年内的短期技术。大学和企业都不具备单独进行中长期创新过程的条件，同时也没有好的机制可以有效地弥合两者之间的差距并使其共同进行迭代创新。两者都无法创建新的经济领域，也没有可以研发颠覆性创新和培育下一代创新者的良好的迭代环境。简而言之，大学里并没有多少准备就绪等待释放到市场上的"存放着的颠覆性创新"，而企业也已经演变成为高效运营的组织，已无法开展颠覆性创新迭代。

人们提出并实际尝试了很多解决方案，但遗憾的是这些都是零碎的方案，无法解决系统性问题。如果整体系统无法使各环节互动、有效引导研究，并从研究中获利，那么投入再多的研究资金都不会有太大的帮助；美国许多地区为了经济发展而试图激励成立初创公司，但如果没有源源不断的颠覆性创新来支撑创建能够改变世界的新公司，这种激励也不会有太大帮助；如果不认真思考未来创新者需要知道什么和能够做什么，那么只是为教育投入更多资金也不会有太大帮助。

下面，让我们探讨一下，一个真正能够解决上述问题的方案应该是什么样的。

第七章

创建全新的创新体系：自由市场侧

美国"创新生产线"需要重新构建，仅仅修修补补是不够的，必须建立一个全新体系，它既要符合当前的现实情况，也要适应我们正在进入的新时代。如果我们能够建成这样的体系，它将为实现经济真正增长带来最大的机会。那应该如何做到这一点？需要哪些人，需要这些人做些什么？他们各自将如何受益？依靠水晶球来猜测未来是危险的，作为起始点我们必须主动思考各种可能的情景。因此在本书中我们清晰地阐述创新过程的构成和面向未来的前瞻性思考，我们希望本书能够为创新者、投资者、企业、大学和政府提供未来高增长的规划路径。

我们的前瞻性思考分为两部分，分别面向两组不同的参与者，"自由市场侧"与"研究和教育侧"。自由市场侧直接关注创新进入市场的过程，主要涉及三种类型的参与者：创新者个体、自由市场的投资者、企业；研究和教育侧则更关注"创新生产线"的起点，主要涉及大学和政府科研经费机构。

如今，大学研究通常会展望未来10~15年的技术甚至更久，但很少有企业和投资者会投资超过3年以上的研究项目。这在"自由市场侧"和"研究和教育侧"两者之间留下了一个跨度在3~10年的"创新鸿沟"。为了继续往前推动颠覆性创新或中等程度的创新，我们必须在这个"3~10年跨度的创新鸿沟"中也开展创新迭代。

本章面向自由市场侧的参与者。回想一下本书前面描述的迭代创新过程的模型，其构成并不依赖于任何特定的环境或特定的培育创新过程，这使我们能够深入理解迭代创新的本质。但是，当我们谈论建立一个新的创新体系时，我们当然需要考虑各种环境和培育因素的影响。事实上迭代创新过程需要同时依赖以下三个方面，用我们前面使用过的树木生长的比喻，它需要三种不同类型的"营养素"：

- 创新技能：这是创新者个体需要获得的技能；
- 合适的创新投资资本；
- 允许创新者专注于创新迭代的环境。

我们将分别探讨每一类营养素，讨论自由市场侧的每个参与者可以做些什么来为创新提供适当的营养素。不过，让我们首先回过头去简要地从宏观经济的角度分析一下。本书前文已表明，在美国的早期岁月里，美国社会和经济整体上曾经构成了一个有利于创新的健康宏观环境。作为对比，今天美国宏观环境应该提供什么呢？

自由市场侧：宏观要求

毫无疑问，我们认为自由市场经济对创新而言是最有效的。各种类型和规模的企业之间的竞争显然推动了渐进式创新，但重要的是，我们必须确保它也同时推动颠覆性创新和中等程度的创新，不会把颠覆性创新"赶出去"，不会将基础研究孤立在非市场的岛屿上，也不会通过撤销激励的方式去遏制需要更长时间迭代的创新。如果一个竞争对手取得了一项"跨越式"的进展，那么你也必须跟进，这是一种创新的市场激励形式。但是，与其依赖于跟进他人进展的激励，不如在一开始就培育颠覆性创新，即赋能完整的迭代创新过程的展开。我们前面已经看到过宏观背景下需要些什么，比如必须让创新者能够通过业务性经验来进行学习。灵活的、能够适应市场不断变化的商业化机构，是动态环境下迭代式创新的理想场地。

可以肯定地说，美国公司在20世纪70年代和80年代的全球竞争性冲击之后做出了调整。问题是，它们当时并没有以最有利于颠覆性创新的方式进行调整。好的一面是，从宏观视角来看它们确实能够进行显著的调整。它们没有被美国国家工业政策或国家经济的内在特性限制在固定结构和商业方法中，或被任意地导向新的方向。基于这种灵活性，是完全有可能做出更有利于长期创新的调整的，人们可以期待它们会实现。

过去几十年初创企业数量的高速增长也是一个健康的宏观信号。虽然初创企业并非经济的万能药，但我们已经看到它们在创新方面发挥着至关重要和必不可少的作用，这里有几个影响值得我们简要讨论一下。有一点是非常明确的：尽管人们对其期望很高，但只有极少数的初创公司最终能够成长为像微软公司或英特尔公司这样的大型行业巨头。许多初创公司成长到一定规模，或为特定利基市场提供服务，或为供应链中的一部分提供服务，而这些丰富多元的公司都是很有价值的。但是数量更多的初创公司及其所依托的创新失败了，或者从来没有来得及发挥其潜力。尽管如此，这些公司也有价值，因为它们告诉我们什么是不起作用的（或者说原本可以成功但是缺乏哪些因素），如果满足以下两个条件，它们的价值可以实现最大化。

第一个条件是，在花费尽量少资源的情况下，"快速失败"是有好处的。从一开始就跟随整个迭代创新过程是很有帮助的，因为可以在创新的早期就发现阻碍发展的障碍，而持续的迭代学习依赖于频繁且低成本的小规模失败，以避免在错误的道路上投入大量的资源。第二个条件是，关于失败的详细信息能够广泛地传播或至少是可以大范围地获得，那么失败的价值就会最大化。如果这些信息能够帮助其他创新者和创业家明确地知道在技术要素、市场要素或实施要素方面失败的具体原因，他们的成功概率就会提高，因此创新体系中的整体创新效率也会提高。这种知识在高度流动、高度互连的创新社群中（比如硅谷湾区或波士顿地区）更容易传播，这无疑有助于解释为什么这些地理区域平均而言在进行创新过程方面更有效率。

本书前面的应变硅案例显示，初创公司 AmberWave 能够在迭代创新过程中表现良好，这些迭代涉及许多行业的许多公司，但在这一创新过程的最后结果中，英特尔公司显然获得了最多的绝对收益。这个案例显示了在自由市场侧创新者和现有企业之间相互依存的复杂关系,这种相互依存关系有助于创新体系的整体效率提高。小公司为经济活动中的所有参与者创造了很多新的挑战、新的选择、新的教育,也为他们排除了很多风险,因此是创新和增长进程"看不见的手",即使是在这些创新最终主要为大型企业而非小公司实现了增长的情况下。这里有一个条件,如果小公司的创新者看不到获得某种合理回报的希望时,他们就不会继续创新。对于创新者而言,知道创新会让整个国家经济受益可能是不错的感受,但感受本身肯定无法帮助创新者支付日常开支。因此,创新者必须从中获得一些收益才能有动力持续创新——幸运的是,美国的创新体系是比较容易实现这一点的。

尽管在美国金融泡沫期的过度扩张产生了负面影响,但美国创业资本主义时代还是为小公司的创建和融资创造了很有价值的新工具和新机制。由于二战后的非竞争环境已一去不复返,我们需要保护这些机制并不断完善它们。它们是自由市场侧必不可少的创新营养素。我们可以将良好的创新环境所需的关键宏观要素总结如下:

- *个体流动性,包括职业流动性和学习、交换知识的便利性;*

- 机构组织架构变革的容易程度；
- 从创新活动中获得收益的能力；
- 法治建设和他人遵守法律的意愿（例如从专利技术转让中共享收益等）。

尽管时局艰难，美国依然具备这些基本的环境要素。其他一些国家在创建有利于迭代创新发展的环境方面还有很长的路要走。个人自由、合法但限制很少的环境最有利于创新。将雇员的一生都限制在某种工作类型上，将商业模式和供应链强加给市场等都会扭曲创新过程的产出。

因此，从宏观层面上看，美国在自由市场侧的创新环境看起来是不错的，只要我们注意保护并完善这一创新环境。现在让我们开始讨论个体参与者能为培育创新做些什么事情，首先从处于创新过程舞台中心的创新者开始。

创新者个体

尽管我们并不打算告诉新的和潜在的创新者"你过去听到的关于创新的一切都是错的"，但我们会建议你做好准备，以不同于当前普遍认可的方式开展公司业务。让我们假设一位女士发现自己有成为创新者的愿望和潜质。我们将在后面一章详细讨论教育系统可以做些什么来帮助她打好基础，但在这个章节，让我们聚焦创新者本身，并进一步假设她已经有了一些中等程度的或颠覆性的创新想法。假设她刚刚从一所技术领域的大学毕业，发现了一项处于"3~10年跨度的创新鸿沟"期内的有前途的技术，且她在自由市场中可以自由行动。

这位初出茅庐的创新者还需要获得技术要素、市场要素和实施要素方面的经验。她有一些技术要素方面的经验，但没有市场要素和实施要素方面的经验——大多数情况下，担任大学教职无法让她获得这两个方面的经验。同时，她也不太可能在今天的企业中找到一个允许她追求自己创新想法的工作岗位，这在20世纪那些前瞻性的企业研究实验室是可能的。她可以选择加入或创建一家高风险的创新型小企业，但她的创新技术还不够成熟，不足以让一家小公司有兴趣接手，不足以让投资者冒险，尤其是在当今这个风险资本难以获得的新时代。这位创新者目前所拥有的还只是一个想法和愿望。那她可以做些什么呢？

方案之一是在相关行业或领域一边工作一边业余创新。回顾历史，许多伟大的创新者都是以这样的方式开始的，从爱迪生（Edison）到亨利·福特（Henry Ford），再到在惠普公司工作时开发出最初苹果电脑技术的史蒂芬·沃兹尼亚克（Stephen Wozniak）。这条路并不容易，但可以在赚取工资的同时获得经验，建立人脉。通过利用工作外的时间进行创新，并积累个人资金，我们的创新者最终可能获得足够的资源在未来开始她自己的事业。这似乎是最好的启动方式，尽管她后续仍将需要外部的资本来支持其进一步的迭代创新过程。

对于一个有技术创新想法的创新者来说，最重要的任务是以与市场要素和实施要素方面的可能性进行互动的方式来开始迭代创新过程。她还需要积累这两个领域的知识以建立跨领域的技能。因此，理想的工作应该有这些特点：能让她学到最相关的知识，有她未来需要的技能，甚至能探索与她的创新相关的未知领域。她学得越快，她在工作之外推进迭代创新过程的效率就越高。显然，这里也有一些限制，因为创新者只能胜任某些工作。不过，一定可以规划一些职业发展步骤，这样可以尽可能多地学习跨学科领域经验。需要谨慎的一点是，创新者应该避免那些要求知识产权或禁止竞争协议的工作，这可能会与她未来想从事的创新业务产生冲突。

举例来说，如果创新者有一个关于新医疗诊断方式的想法，第一步是进入一家没有该特定诊断产品线的医疗器械公司工作。通过接触不同的工作岗位，比如销售或质量控制等，使创新者能够更好地学习该产业领域的市场、商业模式、技术、制造和供应链等实际知识。除为未来积累知识和培养跨学科技能外，创新者还有机会建立起一个今后可能可以合作的人才网络，从潜在的联合创始人到各类专家，比如拥有专业领域知识的大学教授。

创新者基于在相关技术要素、市场要素和实施要素的经验，对创新想法进行开发和培育，这是迭代式创新过程的开始。通过这种方式进行迭代，原始想法很有可能会发生显著变化，甚至可能会影响她离开之前的公司，换到一家与改变后的想法更相关的新公司。创新者个体的这些活动整体上提高了经济体系中创新的效率。

除创建她自己的创业公司这种可能性之外，她的创新也有可能会引起她的雇主公司的兴趣。因此她有更多选择，如果公司文化允许的话，她可以选择在雇主公司内部进行创新，或者选择自行创业，甚至可以考虑与雇主公司建立早期的合作关系。在资本高度受限的时代，拥有所有这些选项非常有价值。如果最终创新者或多个创新者打算创建一个新企业，最理想的情况是个人储蓄加上周末时间足够让创新者进行一两年时间的初始创新迭代以降低风险。在这段时间，创新者可能无法承担辞职的经济损失，因此在一段时间内她可能需要同时做两份工作,管理好这个过程将对她的初创公司和她的个人生活产生影响。在这个阶段重要的是要完全面对现实,但也不要过于悲观。

请记住,这个过程的主要目的之一是让创新者了解与迭代创新过程相关的其他还不精通的领域,以便成为真正的跨学科人才。如果你是一个技术型人才,这意味着你需要了解市场需求、行业结构、你的雇主公司和其他公司的商业模式等方面的信息和细节;如果你是一个商业人才但有一定技术背景,你的目标是了解产品背后的技术、技术的局限性以及更好的新兴技术。无论你最初的专长领域是什么,学习迭代创新过程所需的其他要素都是至关重要的。当你的学习达到饱和时,就该换工作岗位或换公司了。

从个人角度来看,处于真实运营环境中的现有公司将在她创新过程的早期阶段发挥最大的作用。与潜在客户公司的接触将是创新早期阶段的第一个基石,无论这些潜在客户公司最终是否成为真正的客户。第二个基石是了解当前市场上产品和服务背后的技术,技术如何演进,以及哪些技术是创新者的创业项目所需要的。第三个基石是了解行业结构和公司可能采用的最现实的盈利模式。我们不能把这些问题留到将来,尤其是考虑到很难获得资本来支持后期的学习。

在新的创新体系中，为了推进迭代创新过程，创新者个体必须接触各类组织。她必须从一开始就与客户和供应商接触，以了解他们的市场、技术、商业模式和行业结构。她必须了解大学里有哪些相关的新知识，以使她的技术要素武器库完整。她必须与合作企业接触以获得潜在的支持，无论是从企业获得费用以开发原型产品还是从企业获得实物支持。她必须与政府接触，以获得合适的项目资金，例如美国小企业创新研究基金（SBIR）等。这个过程必须在全球范围内进行，因为供应链和客户遍布全球。由于匹配概率很小，为了找到合适的合作方，创新者需要先与很多机构交流，从中锁定适当的合作伙伴、供应商、客户和技术来源。

通过上述过程，潜在的创新者从实践学习中进行自我培训，并且也积累了她自己的资金。因此，至少在这个初始阶段她是自给自足的，能够在"3~10年跨度的创新鸿沟"中进行创新。在早期迭代过程中以自己积累的资金去降低创新风险是最有效的，因为投资决策始终与迭代创新过程同步。在不需要外部股权投资的情况下靠自身有机地发展当然是最好的发展方式也是盈利最佳的方式！靠自身力量独立降低风险也使得她的创新企业具备吸引最优投资的条件，因为现在创新者可以根据迭代创新过程中确立的可量化事实来使投资者

第七章 创建全新的创新体系：自由市场侧

了解风险。

许多新兴增长领域的市场要素和实施要素知识本质上都是全球性的，这一事实对创新者提出了更多的挑战。我们必须认识到，在过去对于美国的创新者来说美国是一个巨大的市场，但今天这样简单的情况已不存在。一些通过投资快速转型为知识经济的小国已经面临着其所有重大市场都在国外的情况，比如像只有五百万公民的新加坡。这就要求新加坡的创新者以某种方式获得国外的市场要素和实施要素的信息。在我们今天所处的新时代，美国的创新者发现自己处于与新加坡的创新者类似的情况中：许多高增长的大市场是全球性的，因此，创新者需要学习全球市场要素和实施要素知识，以便能够收敛到对大市场有价值的那些颠覆性创新。因此，成功的创新者需要增加跨文化技能。即使在创新者的成长或教育过程中已具备了国际经验，学习国际业务最好的地方还是在那些需要国际旅行和跨国交易的企业里的工作岗位。

在这个新时代，像上面描述的那样进行自我学习成效显著的创新者将成为极具价值的人才。人才价值与信任和可靠性有关。过去的金融危机导致许多信任的破裂。这是危机期间基础资产价值和风险缺乏透明度造成的恶果，导致现在大家会默认相关个体或机构对资产"真实"价值进行故意歪曲。

当今的不信任已经到了这样的程度：你讲述的创新项目和投资需求的时间跨度越长，他们就越认为你低估了风险，因此他们就越会高估它。为了恢复信任，以便在颠覆性创新的长期发展周期中获得支持，新时代的创新者必须能够证明自己是诚实的，能够传达可信的高质量的信息。基于对市场要素、技术要素和实施要素的充分了解，创新者能够树立起值得信任的个人品牌，她对创新生产线上有前途的创新项目的评估意见也会得到大家的认可和信任，就像美国大众普遍认可的"消费者评估报告"的评估者那样。创新者一旦被大家看作可信的信息来源，在未来岁月里会有很多人来找她合作。

诚信可靠的创新者是建设美国未来十年"创新生产线"的必要因素。新的创新体系需要具备这样的功能：创新者能够通过创新的成功获得好的经济回报，以最大限度地发挥他们的影响力并鼓励他们培养下一代创新者。这将激励更多人成为创新者，从而最终创造出更多的颠覆性创新。

遗憾的是，训练有素的创新人才群体的不足是建设新的创新体系的主要瓶颈，这一瓶颈又因三个相互影响的问题而进一步加剧。首先，潜在的创新者只有通过亲身经历迭代创新过程才能清楚了解自己是否"适合"创新过程，并需要通过实践学习才能获得必要的跨领域技能。加强并加快学习曲线的唯一切实有效的方式是在实践迭代创新过程中由有经验的创新者进行指导。这样的指导和培训曾经发生在过去前瞻性公司的企业研究实验室里，并且这些实验室不断更新完善在这方面的关键资源。自从这些企业研究实验室陆续关闭后，能够高效地指导和培训新人的有经验的创新者不断减少。其次，成为有经验的创新者需要比较长的时间，因为他们需要在许多领域积累很多技能和经验。最后，许多参与过公司创业、公司收购和大学研究的人已经将下述观念教给了一整代学生：在低成本资本充足的年代，由风险投资支持的创业家精神是国家发展和繁荣的源泉，但他们没有教给学生创新的重要性。这种当前依然普遍存在的错误观念又导致了另一个时间延误，因为这些观念的改变非常缓慢。我们想通过以下例子凸显人们改变这种观念的抗拒程度。

本书作者之一最近参加了一场关于未来 10 年潜在创新的科技会议。一位潜在的创新者兼创业者找到了他，希望能从经验丰富的创新者—创业者—科学家这里获得见解。尽管美国金融泡沫已经破裂，但这个人仍然在讲述其在努力为创建一家新企业筹集资金，这家新企业为某一特定领域生产相关设备。他对此是真有兴趣，因为他在询问具体流程、需要改变什么等方面的问题。出于礼貌，本书作者首先回答了他创业方面的问题并给予了指导。基于当前资金紧张的现实性以及创新需要不断迭代的事实，本书作者也给予了如何使用自己的资金推进创新想法的建议，以便减少未来其对外部投资资金的需求，以及向未来潜在客户公司寻求原型开发的资金。尽管给予了他很多鼓励，但他却没有询问这些建议应该如何落地，而是表现出他依然渴望能够轻松地获得资本，这证明在他的内心深处，他并没有接受当今这个新时代的现实面。

远在我们提出迭代创新模型之前，有人已认识到整合市场要素、技术要素和实施要素技能的重要性。正如范内瓦·布什在1942年所说，工程师"不只是一个物理学家、商人或发明家，而是能够从上述每个领域中都获得一些技能并能够成功地大规模开发和应用新设备的人"。现在需要的是，能够培养出这些素质以及更多相关素质的创新者。

未来不是胆怯者的时代。新时代的英特尔、微软、苹果公司，以及改变市场的各种类型和规模的增长性公司将会诞生。通过筹集大量外部资本以便广泛宣传并快速进入市场的时代已经结束。未来新公司需要从底层基础开始逐步建立，这期间它们基本上是"隐形"的。

第七章 创建全新的创新体系：自由市场侧

自由市场的投资者

在美国金融泡沫破裂之前，容易获得的投资资本使得早期创新者可以不必与市场要素和实施要素进行实际互动。这些资本鼓励了尚未成熟的早期创业，但忽略了真正的创新过程，因此破坏了颠覆性创新的效率。在我们新的创新体系中，与迭代创新过程同步的投资者将获得巨大的好处，而那些坚持旧投资逻辑的投资者将会被淘汰。

由于大多数金融家会被推到脱离现实的某种抽象层面上开展工作，所以投资者个体会被某些领域或某些模式的投资趋势所推动。他们很难逆这些投资趋势而动，除非有基于现实的强有力的理由。跟随投资趋势进行投资要容易得多。只要某种范式还在不断地产生真正的投资机会，金融家的这些投资特点会很适应。比如基于摩尔定律的信息时代范式，它包括半导体、个人电脑、手机、操作系统、应用软件、互联网硬件和网络应用等；这一范式创造了一波又一波真正的投资机会。但是在范式发展的末期，投资者没有做出应有的调整，反而开始将他们"经过证明的"信息时代投资模式强加到其他领域,导致了由风险投资引发的投资泡沫,例如在生物技术或能源领域。

让我们仔细看看能源领域,以便比较基于投资趋势的投资行为和基于真实创新的投资决策之间的差异。早期阶段投资者希望能源行业会像半导体、个人计算机、信息技术行业一样,但遗憾的是,能源行业根本不是那样运作的。主要原因是,与半导体—个人计算机—信息技术行业不同,能源行业没有一个颠覆性创新来推动其他层面的诸多创新。其他细节也很重要,让我们回顾一下。

首先,我们没有发现一种新形式的能源。人类已经了解了所有形式的能源及其实力规模,因此我们没有发现类似于晶体管或集成电路诞生时那样的具备多个技术维度和多个经济维度上创新的全新能源形式。其次,我们提过热力学原理已完全了解了能源源头和能源生产的行为。因此,不会发现像符合摩尔定律的信息处理能力那样能够将能量效率或能量产出改变多个数量级的新工艺。最后,20世纪后半叶的信息技术相关产业本身是全新产业,但能源产业不是。人们已经发展了一百多年的能源商业生产及其设备和基础设施,用于发电厂、本地设施和机动车辆的能源。能源被大型公司或集团或国家控制,表明了能源市场的成熟程度。因此,能源领域的风险投资本质上面临着一个成熟的竞争环境,其准入门槛非常高。除非发现能够颠覆热力学定律的颠覆性创新,否则在缺乏能够极大提升或数量级地提升性能的颠覆性创新的情况下,很难想象风险投资支持的新企业能够获得实质性的地位并及时获得巨大的回报。

请注意,上述"无法颠覆热力学定律"这句话,与那些历史上错误地预测未来市场的著名创新者的例子在性质上是完全不同的,比如"没人想要个人电脑"等预测。后者这个错误预测是在预测未来的消费行为,而打破热力学定律是一种物理上不可能的事情。从科学上讲,这与摩尔定律范式的情况是相反的。摩尔定律描述可以将越来越多的晶体管集成到微小的芯片中,因为作为化学家和物理学家的戈登·摩尔知道正是相关的基本物理原理使这成为可能。了解了上述这些逻辑细节之后,我们会惊讶于竟然会有投资者声称在能源方面的投资与之前的信息时代范式中的投资相同。

这并不意味着能源不能成为一个好的投资目标。各种盈利的场景都是可能的,但本书不对能源问题做任何更广泛的社会和经济层面评论。上述讨论的关键点是,总的来说能源行业的投资回报率将远远达不到从20世纪70年代到21世纪期间的半导体—个人计算机—信息技术投资中获得的超级回报率。

今天的投资者需要认识到的第一件事是，在信息时代范式下的投资窗口期是非常不寻常的。当一个非同寻常的范式持续发展几十年后，人们会倾向于认为这种投资环境是寻常的，并且新的类似范式仍将出现，即使它们不像让当年硅谷湾区的早期阶段投资者大量获利的范式那样。然而，我们目前正在进入一个需要投资者以创新为重点而不是以技术为重点的时期，也就是说，建立投资组合的基础应该是基于由优秀创新者的创新所能创造出来的"颠覆性"价值，而不仅仅是某些赛道上的技术。许多20世纪60年代和70年代开始投资的最好投资者一直专注于创新。正是他们的投资成功，造就了一个主要是为非同寻常的摩尔定律范式打造的风险投资行业。随后风险投资行业逐步认为自己已经"成熟"，但事实上它主要是那个时期锁定在一个非同寻常范式的模式。随着时代的演变，投资模式需要做出及时的调整，当前这种调整还远未成熟。它必须转变为基于创新的载体，这样投资才能在未来获得成功，这对所有形式的创新融资都是一样的。

那么，未来的"创新投资模式"是什么呢？我们可以简单地陈述如下：**对于单个特定的投资来说，该投资所涉及的迭代创新过程就是其投资模式。**理解市场要素、技术要素和实施要素这三个方面的不确定性，并通过迭代过程逐步减少这些不确定性，直到收敛成为最终的创新方案，这就是创新过程的实质。这意味着迭代创新过程嵌入了持续、全面、诚实的风险评估，这正是投资者需要了解的。换句话说，对于投资来说，每个迭代创新过程都是一个固有的、准确的金融风险模型。在颠覆性创新的早期阶段，其风险对自由市场的投资者来说可能太高，也许需要等到通过初步迭代过程大大降低创新的风险之后再投资。但只要投资者密切跟进创新过程，并能与创新者保持诚实的关系，那么投资者就能看清楚风险。显然，风险的透明度取决于投资者识别风险的详细程度，而这又取决于投资者对迭代创新过程的熟悉程度。熟练的创新投资者应该具备在任何时候都能清楚地阐述之前的创新迭代过程以及每个投资在市场要素、技术要素和实施要素方面仍然面临着挑战的能力。

如果没有像创新者那样具备在市场要素、技术要素和实施要素方面的类似经验和技能，很难想象早期阶段的投资者有能力识别出迭代创新过程的详细信息。但没有多少风险投资家具备这些经验。在本书作者所认识的20世纪90年代以来的数百名风险投资家中，我们估计只有不到5%的人有这些经验。因此我们发现，正如创新者个体一样，受过训练的投资者人才的缺乏也是构建新创新体系的瓶颈。事实上，过去一整代风险投资者都错误地认为，只要能够及时退出投资，就可以将互联网类型的投资经验等同于成功的投资。要纠正一整代投资者的这些错误观念可能会是一个比培养创新人才更大的挑战。考虑到一代又一代人的因素，未来卓越的早期阶段投资者可能需要寄望于未来十年的新一代创新者。其中一些成功的创新者会进入金融领域，就像在过去的信息时代中一样，一些成功的创新者后来成为早期阶段的投资者。

在我们今天所处的时代，在尚未出现一个全新范式之前，以像生物技术或能源等领域赛道为基础的投资组合策略的收益，将很容易被以迭代创新为基础的投资组合策略所超越。因此，聚焦于创新的投资公司的投资组合之间不会有相同的技术和市场特征，但它们都是能够卓越地执行迭代创新的公司，是正在往颠覆性创新进行收敛过程中的公司，是通过有机的方式增长业务的创新公司。迭代创新过程是困难的，其门槛很高，因此这些创新公司很可能可以在市场上保持多年的竞争优势，从而为投资者带来高利润和高回报。但对迭代创新不熟悉的投资者是看不到这样的投资机会的。

如果我们对当前时代的评估准确的话，那么专注于下一个类似于摩尔定律那样新范式的投资将会非常出色，但这种新范式可能需要数十年才能到来。通过迭代创新过程的视角尽早发现这样的投资机会将成为精明的创新投资者的决定性优势。尽早发现机会并不意味着尽早进行投资。实际上，创新投资者会希望远在需要投资之前就能够尽早识别并跟进创新迭代过程。因此，在更多的方案出现之前，可以对一个创新过程将来是否有可能收敛做出最初的高质量判断。例如，我们知道应该关注的颠覆性创新是那些能够基于市场要素和实施要素知识对正确的研究问题进行聚焦的研究人员所追求的创新。我们也知道，这些颠覆性创新可能需要10~15年的时间才能进入市场。当然，这意味着在创新"灵光一现"到创新获得第一笔创业资金之间有一个很长的孕育期。对于颠覆性创新的投资机会而言，需要5年左右的孕育期。因此，通过追踪熟练的创新者并与他们在"3~10年跨度的创新鸿沟"内进行互动，可以识别出颠覆性的进展。无论创新投资的时机如何，这种互动都将自由市场中的投资者的活动进一步延伸到"3~10年跨度的创新鸿沟"，并为创新者带来更多的市场要素和实施要素知识，也为投资者带来最佳的可见度。请注意，在创新过程中，深入进行这种前瞻性的有意义的互动，而不仅仅只是建立在表面上的人际关系网，对创新者和投资者都是有益的。

我们以对未来的展望和实用性建议来结束这一小节。展望未来，尽管平均回报率可能会降低，但那些有能力深入理解迭代创新过程的投资者将会取得惊人的回报率。一类新的跨领域人才——科学—工程—商业—金融跨界人才——会形成一个新的高回报率投资社群，其活动将促进新的创新体系的形成，从而增加了出现下一个范式的可能性。

企业

如前所述，大多数美国企业的创新能力已经被当今竞争激烈的全球环境所削弱。它们放弃了前瞻性的企业研究实验室，外包了生产，优化了组织结构，通过提高运营效率提高了盈利能力。组织和管理专长变得至关重要，电子表格被优化，企业的模式变成了"运营企业模式"。但是，各个行业的企业都已经达到了这一轮可挖掘价值的极限，进一步提高价值变得非常困难。未来，股东将更愿意购买某个企业的股票，相信它能击败所有其他经过优化的高效运营企业并获得超过市场平均水平的高额回报。企业需要高速的有机增长率，为此他们必须进行创新。但是，为了利用新时代的优势，需要企业去获得大多数企业目前已不再具备的能力。

第七章 创建全新的创新体系：自由市场侧

企业是否会再次建立像贝尔实验室那样的大规模前瞻性企业研究实验室呢？尽管这在理论上完全有可能，但与之对抗的力量是全球性商业竞争，正是这股力量在几十年前注定了前瞻性企业研究实验室关闭的命运。除非一家企业碰巧在经济领域拥有类似垄断商业模式的主导地位，否则建立一个真正全面的企业研究实验室的成本太高，投资回报太低。下面我们将阐述一种更加合理的方法。

从各类创新者之中，总会涌现出一些优秀的创新者，尤其是当越来越多的人按照我们在"创新者个体"小节中倡议的方式去做时。这些优秀的创新者在企业工作时积累了他们所需要的跨领域知识和技能，同时培育了创新的想法。这些创新者中有些人可能最终会离开企业，成立自己的新公司，但其中只有极少数公司可能会成为原企业的直接竞争对手。历史记录表明，一个企业的原雇员创立的新公司与原企业往往形成互补关系，或者作为合作伙伴，或者客户，或者供应商，从而使原企业获益。无论创新者是在原企业内部创建新业务，还是最终创建新的独立实体，企业都有望受益。但对于这些有技能的创新者来说，还有另一个可能更为关键的角色，那就是代表企业与外部"创新生产线"进行互动。这些互动需要"基于创新"，而不是像过去那样"基于交易"。

基于交易的互动在过去数年非常普遍，包括收购已经开发出有价值的创新的初创公司，以及获得大学里的发明技术许可。但这两种方式都不太可能为企业带来未来几十年的长期有机增长。收购初创公司存在明显的困难。企业成为竞标者，争夺着由中间人控制的小公司中不透明的创新。如果迭代创新过程已接近完成而且创新是真实的，那么该创新的价值对众多竞标者都是透明的，并且其最终收购价格将由相应的竞争性的竞标过程决定。中间人需要得到报酬，而且通常是丰厚的报酬。这并不意味着这种收购不能为某些特定的战略目的带来利益，但这与通过创新实现企业有机增长无关。另一方面，如果迭代创新过程尚未完成，那么收购它的企业本质上就是一个创新投资者，前面的"自由市场投资者"小节中描述的一切都适用。

那么，另一种方式——获得大学里的发明技术许可如何呢？过去，由于企业、投资者以及其他人都尝试与大学合作以加快创新进入市场的速度，因此大学的知识产权受到了很多关注。但需要注意的是，这里存在一个错误的假设：认为创新的瓶颈位于大学的出口，并且大学里有很多非常有价值的创新正等着被人从大学里释放出来。关于为什么这个假设是错误的，我们将在下一章详细讨论大学部分时阐述。这里

第七章 创建全新的创新体系：自由市场侧

我们可以先进行一些相关的思考。

首先，历来有数不清的第三方机构曾经试图通过充当中介或交易中心来获得大学知识产权的许可，以便更有效地找到对的买家。但它们失败了，因为这样做的交易成本超过了收益。其次，公开统计数据显示，像麻省理工学院这样的美国主流大学每年只获得数千万美元的专利许可收入，远远低于其研究经费。如果这些被认为创造了最有价值的知识产权，且与周边商业活动联系最紧密的大学都只能获得这么少的收入，那么大学里尚未释放出来的知识产权的价值能有多少呢？最后，考虑到颠覆性创新通常需要 10~15 年的时间，我们推测那些**没有嵌入到持续的迭代创新过程中的大学专利**的许可，平均而言其净现值对产业几乎没有什么价值。之所以存在着对大学知识产权的过度强调，主要是因为它是外部的非创新者能够认可的少数几个大学里的有形物品。而当大学里创造的**知识产权是一个正在进行中的迭代创新过程的一部分**时，它有可能是非常重要的。不过，为了理解和获得其真正的价值，必须以创新为基础进行互动，即立足于分析创新过程目前进展到哪一步，过去所做工作的价值，以及未来可能还有哪些价值。

那么，企业应该怎么做呢？答案是，成功的企业应该选择创新投资者的心态。它们应该谨慎地对小公司里或者大学里正在发展的创新进行投资和培育。针对各种创新，它们应该找到适当的方式或者将其整合到自己的业务中，或与其合作并将其推向市场。企业开始以这样的投资者角色行动起来后，过去主要由风险投资家和华尔街完成的这些事情将回到企业中。企业具有几个独特的本垒优势：

- 在企业所处的市场领域里，具备深入的市场要素和实施要素知识；
- 具备在技术要素和实施要素方面的专业实践知识；
- 能够获得比自由市场的投资资本更低成本的资本（至少在可预见的未来）；
- 人才方面，理想情况下拥有一批可以高效地与新"创新生产线"互动的熟练创新者。

企业也有一些本垒劣势，包括：

- 在官僚资本主义时代幸存下来的企业普遍存在着"不要在这里研发"综合征：本能地抵制研发；
- 不愿让组织去适应创新，而倾向于强行让创新去适应

第七章 创建全新的创新体系：自由市场侧

组织；

- 缺乏与新"创新生产线"对接的技能和知识导致了对吸收创新的壁垒；
- 不愿意同时处理多个未知问题（例如，不愿意用新技术进入新市场）。

请注意，所有上述优势都是非常真实的，而劣势则主要是组织上或文化上的限制，是可以克服的。因此，许多企业的高管办公室需要做出改变。首席执行官仍然需要监督公司运营效率，但首席运营官需要尽可能有效地运营现有的厚利产品。首席执行官和首席技术官将需要亲自领导企业的新增长，因为仅仅在企业的某个下属部门（如企业风险基金部门）进行"创新投资"是不够的。当然，从某种意义上来说，这些风险投资基金部门可以被看作我们讨论的事物的前身。但我们这里强调的是将创新投资作为企业的核心和重要组成部分，成为企业颠覆性创新和增长的主要来源，而运营方面则专注于渐进式创新和短期竞争力（这也是需要专业性关注的企业重要工作）。

在最初几年中，该企业的市场价值仍将由运营部门决定。然而在这个时间段之后，企业的市场价值将由企业的创新增长部分决定。因此，从企业模式的角度来看，该企业的独特之处在于，一个运营型企业将会逐渐式微，与此同时一个创新型企业将会逐渐崛起。

创新企业应该在专注于未来3～5年创新的同时，也有一些更长期的创新。为了实现这一点，它需要参与到内部和外部的创新过程之中。在内部，企业应该回收以前没有成功的概念，但可以从新的"创新生产线"中获得支持。这将演化出一些包括了某些外部验证手段的内部孵化器和内部投资计划。在外部，企业需要新的对接窗口来连接内部流程，对接产业与大学创新。

内部过程很可能更加专注于创新过程的后期阶段，而外部过程必须有效地启动或推进企业之外的中等程度创新和颠覆性创新。这些外部过程的工作涉及迭代创新的所有要素，包括市场要素、技术要素和实施要素，这将促使企业与整个创新活动领域中的其他组织机构密切合作。因此，创新企业会积极参与新的美国创新体系，为在"3~10年跨度的创新鸿沟"中的创新过程提供关键的知识贡献。

这样的创新企业也将是创新的精明购买者，这意味着卖家必须创造出更高质量的公司或技术来销售。因此，一个更高效的外部创新市场将会形成，但这首先需要有足够多的作为买家的创新公司。一旦足够多的创新公司局面形成,投资界和大学等其他组织机构也将需要改进自己的参与角色。

通过理解在这个新体系中的新角色,企业将获得高增长。在这张创新的"餐桌"上拥有一个"席位"将使企业可以告诉"厨师"该企业最喜欢的"菜肴"是什么;其中许多"主菜"都会根据该企业的"口味"来"烹饪",企业也可以在"餐桌"上交到新朋友。这些好处同时也会带来新的责任:进行更多的外部合作和投资,从而促进创新迭代流程的全面进展。

第八章

创建全新的创新体系：研究和教育侧

创新者个体、自由市场投资者和企业都将从建立的全新创新体系中获益，但只依靠他们还无法建立起这个体系。大学和政府也必须进行变革并做出积极贡献。研究在几乎所有的颠覆性创新和多数中等程度的创新中都是至关重要的，这不仅仅是因为研究本身的重要性，还因为以下因素。

回想一下我们应变硅技术的完整案例，从 AT&T 贝尔实验室的科学发现开始到最终在市场上销售第一款采用应变硅技术的微处理器芯片，中间经历了 13 年的迭代创新。但是，在此之前还有 5 年的最初迭代研究，才有了后来在贝尔实验室的"灵光一现"，以及在麻省理工学院的进一步研究。事实上这一创新在科研环境中（先后在康奈尔大学、贝尔实验室和麻省理工学院）总共经历了 10 年时间，然后转移到创业公司 AmberWave 经过了另外 8 年时间，才在市场中进行迭代，最终完成。尽管不同的创新项目在不同的宏观环境变化条件下，创新的具体时间节点和关键转折点可能与上面的案例会有所不同，但它们不会有太大的差别，因为我们已经看到颠覆性创新从"灵光一现"的发现时刻到第一个产品销售之间通常需要 10~15 年。

由于美国企业研究实验室的消失，大学和政府实验室是目前唯一能够进行颠覆性创新所需的研究活动的现有机构。由于它们的研究活动大部分由政府科研经费资助，因此在下面的讨论中我们将不再区分它们，只是将两者通称为大学。我们前面展示了大学与市场要素和实践要素之间的连接存在很大的困难，尤其是因企业研究实验室的退出而导致"科学共同体"的萎缩以来。但是我们也知道，范内瓦·布什的公共科研资助教义在过去许多情况下表现良好。事实上，由于它的良好效果，世界上大多数国家都创建了类似的大学研究政府资助计划。国家能够做哪些私人投资者做不到的呢？重要的是，国家应该将研究经费视为一种投资，不仅要量化它对社会的回报，也要找到有利于产生创新的最佳环境。

尽管国家经费对研究的投资回报率（ROI）很难精确量化，但莱斯特·索罗（Lester Thurow）在他的著作《创造

第八章 创建全新的创新体系：研究和教育侧

财富：知识经济中个人、公司和国家的新规则》(*Building Wealth: The New Rules for Individuals, Companies, and Nations in a Knowledge-Based Economy*) 中做了一次全面的尝试。通过汇总各种工作并进行平均，他得出了美国的 ROI 大约是每年 66%。无论准确数字是什么，这样的年回报率都是令人惊叹的，这也证明了范内瓦·布什教义的有效性。不过，索罗的著作出版于 1999 年，其数据来自这之前的年份，因此它反映了美国最高创新生产力的时期。但索罗的著作还表明，当时的企业在其研究投资方面却无法获得同样的年回报率。为什么会这样呢？为什么像美国这样的国家能够从对研究的政府经费投资中获得如此多的利益呢？

答案在于生态体系或组织机构的规模。首先我们应该注意到，创新过程只有在自由市场中才能得以完成，这需要 3~8 年的时间，具体取决于创新的颠覆性程度。政府资金投资于一个庞大的全国研究组合，产生了大量的新技术要素选项，这些选项成为创新的潜在要素。但是回顾一下本书前面讨论的，创新者在创新过程中也需要用到现有的旧技术，包括在以前资助的研究中产生的技术。因为美国政府是代表社会同时也为了社会利益对其研究组合进行投资，因此无论最终是哪个机构将研究中产生的创新推向市场并获得盈利，也无论是哪个行业，创新带来的所有经济增长贡献都成为政府 ROI 的一部分。比如，政府资助了一种医疗技术要素，15 年后它最终收敛成为半导体领域的创新，政府仍然受益于该创新产生的增长。因此将它计入国家 ROI 中是正确的。但是，如果一家医疗设备公司在 15 年前进行了相同的研究投资，它却不会获得类似的收益。该公司这笔投资的 ROI 是零或接近零。

因为在计算政府 ROI 时任何促进创新的事情都对政府有利，包括组织机构变革、可供他人学习的失败教训、研究人员和企业之间的共享知识等。换句话说，发生在自由市场和研究群体中的所有与创新相关的交易都将为政府研究投资组合的 ROI 做出贡献，无论这些交易的参与者是否获利。上述的讨论我们可以简洁地总结如下。尽管在基础研究相关的创新效率方面还有许多需要进一步提高和改善的地方，但只要系统足够大，社会就完全有可能从中获得经济利益。

我们可以用财务专业术语更简明准确地描述国家科研投资与创新/经济增长之间的关系。当政府对"创新市场投资组合"的科技研发方面进行广泛投资时，通过增加"每个项目的独特创新风险"的多样性和分散程度，政府受益更大。"创新市场流动性"越高，即创新过程越容易克服交易障碍，风险的分散性就越好。自由市场的开放性竞争动态、创业的低门槛、组织机构转型的便利性等都可提高自由市场侧的"创新市场流动性"。科研成果和科学辩论的交流和公开则可以提高研究侧的"创新市场流动性"。相对比，企业对其研究投资组合的分散程度和多样性有限，只能达到企业有可能保住研发出的创新并在其所在的有限市场上进行推广的程度。无法获得创新价值的风险与企业的业务范围大小及公司规模大小成反比。在我们结束投资组合类比讨论之前，我们想指出，不同于"每个项目的独特创新风险"，"系统性创新风险"或"无法通过多样化方式消除的创新市场风险"与我们国家的整体创新体系的质量直接相关。

以上针对研究投资模式的思考可以帮助我们理解，为什么国家应该是颠覆性创新早期阶段的投资者而不是企业。这也解释了为什么过去的大企业在面临更激烈的竞争时会果断关闭其前瞻性的企业研究实验室，而占据市场垄断地位或市场主导地位的企业能够支持这样的实验室。市场垄断性能够保障企业的收入，基本不会受一般的商业因素影响。同时它也会受益于在其主导的市场领域中的所有创新，除非这类大企业内部容易产生的组织机构性障碍阻止了对创新的商业化。正如在官僚资本主义时代末期的垂直整合大企业中所看到的那样，垄断性企业在市场侧完成创新迭代的无能为力是非常明显的。因此，在全球竞争环境中，基于自由市场动态的高"创新市场流动性"是任何成功的创新体系的核心属性。

理解这个模型会带来有趣的结论，特别是关于创新体系的"自由市场侧"及"研究和教育侧"之间是如何在根本上相互依存的。我们可以用以下两个相辅相成的陈述来强调这种相互依存关系。

- 自由市场的投资回报ROI必须依赖于国家在颠覆性创新早期迭代阶段的投资，因为自由市场的参与者因无法获得直接的投资收益而不会独自进行前期投资。
- 国家的投资回报ROI必须依赖于自由市场以完成后期阶段的颠覆性创新，因为除此之外国家无法实现其投资回报。

除了垄断性或占市场主导地位公司的情况（这是唯一的亚稳态中间可能性），我们有趣地看到创新体系两个方面之间的相互依存关系是必然的。通过对迭代创新过程及其影响的清晰理解，宏观经济学中许多长期存在的意识形态争论似乎变得无意义。

"3~10年跨度的创新鸿沟"似乎是创新投资模型的自然后

果。正如前文所讨论的，自由市场投资者和企业通过延伸到"创新鸿沟"中将能获得巨大利益，因为他们会为了获得创新机会而竞争。如果具备针对创新的正确专业知识，他们将能够确定出投资的最佳时机。不过他们不可能跨越整个"3~10年跨度的创新鸿沟"，因此在颠覆性创新早期阶段的科研经费支持和私人资本愿意投资之间还是存在一个"死亡之谷"。在我们进一步探讨政府如何提供资源跨越这个"死亡之谷"鸿沟之前，我们必须先指出这个"死亡之谷"的一个积极特点。由于能够支持"死亡之谷"期间的迭代创新过程的资源非常稀缺，所以在这个阶段是由创新者决定是否推动其创新跨越这个鸿沟。创新者在降低创新潜在风险方面的才智以及动用个人资金的行动（这通常是会影响个人生活的艰难决策），成为创新的质量和创新者素质的有效过滤器。那些没有经过早期适当的市场要素和实践要素迭代的技术，那些不太有前途的创新，将无法跨越这个资金稀缺的鸿沟。像风险投资泡沫时期那样过多地投资资金（由经济中非常低成本的资本所推动），反而会把太多本应被过滤掉的想法带过鸿沟。与此相反，当金融保守主义占主导地位时，这个"死亡之谷"可能会太深，以致最有前途的创新和最好的创新者也无法跨越。

那么，有哪些机制可以跨越鸿沟呢？除了使用个人资金和早期与潜在客户或供应商合作进行创新原型开发或获得实物等方法外，美国的小型企业创新研究（SBIR）经费项目一直是美国的一个非常重要机制。SBIR 经费的独特之处在于它既不是传统的研究经费也不是私人资本。SBIR 经费的额度很可观但并不奢侈。在创新者个人资金和合作机构的支持都不充足的情况下，SBIR 在帮助颠覆性创新迭代跨越鸿沟时是非常有效的。此外，像美国国防部（DoD）这样的机构成为创新的早期使用者，它们以未来购买创新产品为前提的长期战略性投资可以帮助创新者跨越鸿沟。

让我们看一个历史性的案例，以展示在大学研究经费投资的时间框架之外政府对颠覆性创新的重要作用。在这个案例中，美国政府国防部是该创新的早期客户，后来证明这种创新可同时应用于国防领域和商业领域。然而，政府必须谨慎地控制其在创新鸿沟中的作用，以避免引入过多的补贴而扭曲创新者的市场要素。这种市场要素扭曲会导致创新以不同的方式收敛，或者只有在政府补贴支持的情况下才能生存。我们将在本章后面的政府部分再次讨论这里的微妙界限。

由于推动摩尔定律和信息时代范式发展的半导体行业主要是在自由市场中发展演化的，因此很少有人认识到美国国防部在该行业诞生时扮演的重要角色。我们已经描述了晶体管的发明者之一威廉·肖克利是如何离开进行晶体管"颠覆性创新研究"的 AT&T 贝尔实验室的。现在,让我们从一个之前没有提及的新视角,继续追溯该故事的后续部分。在离开贝尔实验室几年后,这位发明家在加利福尼亚州帕洛阿尔托市(Palo Alto)的一家电子公司成立了肖克利半导体实验室。他的意图是将硅材料晶体管商业化。在贝尔实验室的早期晶体管研究中使用的是锗材料,那他为什么现在要用硅材料进行创新迭代呢?这是因为美国国防部需要更高功率的晶体管,为实现这一目标,计划通过研究合同的方式投资这项尚处于早期阶段的重要研究工作。后来罗伯特·诺伊斯(Robert Noyce)和其他七人离开了肖克利,在一家美国国防部的重要合约承包商仙童相机和仪器公司内部成立了仙童半导体部门,在那里他们为美国军事研发项目合同和军事采购合同生产硅材料晶体管。此外,由于受到苏联发射人造卫星的竞争压力,美国卫星需要使用小型电路。只有体积小、重量轻才能将它们发射到太空中。仙童半导体因此获得了美国国防部的研究合同,以此开发出了后来的集成电路技术。

该创新得到了很好的迭代,后面故事大家都耳熟能详了。罗伯特·诺伊斯和戈登·摩尔后来离开了仙童半导体创立了英特尔公司,这家公司发展成为标志性的头部集成电路制造商。英特尔公司与其他芯片制造公司一起催生了信息时代的经济增长。摩尔定律统领了信息时代。

过去数十年全球经济增长率最高的行业,是在美国政府通过国防部作为创新早期用户的方式为早期创新迭代提供多年研发资金的情况下促成的。不过,最终从英特尔、微软、甲骨文和众多其他新公司,以及一系列后续创新中获得了巨额投资回报的是自由市场投资者。正如我们对迭代创新过程和相应投资模型的认识所预测的那样,针对集成电路等颠覆性创新起源的详细研究发现,它并不能支持完全依靠自由市场的创新投资模型。

我们当前处于摩尔定律范式接近尾声,下一个革命性的重大范式尚未来临的时代。在这个阶段,私人资本往往成本较高。经过精心选择和规划的政府长期创新投资,尤其是政府部门作为未来客户,可以有效地缩短下一个全新范式到来的时间。而在一个范式结束时,投资资本规模超过创新机会的产出,这就产生了前面讨论过的对创新体系的所有那些破坏性影响,最终导致发展停滞。然而,只要我们积极地建设一个新的创新体系,颠覆性创新周期就可以重新启动,就有可能催生出下一个革命性新范式,从而实现相应的高增长。

在本章结尾我们将会进一步讨论政府在新时代的角色。

在前面的讨论中我们很少涉及大学，下面让我们全面探讨大学的角色，包括两个小节：大学在建设全新创新体系中的研究使命和教育使命。"大学：研究使命"这一小节的篇幅比较长，但重要性与篇幅不直接相关。当今大学研究的状态涉及一些非学术读者可能不太熟悉的因素，因此需要增加一些篇幅进行解释，而对于教育使命，我们可以利用本书前面阐述过的有关迭代创新所需技能和知识的见解来理解。

大学：研究使命

新的创新体系将要求大学重新评估其在创新过程中自己认为的角色和真实的角色。我们简要回顾一下：在二战后的许多年，大学的角色是为美国创新体系培育研究人才和提供研究成果，而企业研究实验室则在这个系统中进行颠覆性的创新并积极参与美国的"科学共同体"。后来随着企业研究实验室和科学共同体的瓦解，大学的角色发生了转变。大学几乎成了基础研究的唯一提供者，人们认为或期待它能去推动实用的颠覆性创新，但却没有给予它类似于企业研究实验室创新系统那样的指导、互动和支持。

如今大学的处境依然如此。想象一下，你是一所大学的校长,你被要求接受一个处于创新体系中心的角色。公司为了业务增长要求大学为他们提供他们需要的已充分研发的创新;风险投资家为了他们投资的初创企业到大学里寻找创新。但你并没有已充分研发好的创新,你有的只是一些技术要素的部分内容。同时你还缺乏创新迭代过程所需的市场要素和实践要素能力。但是还是有许多人在试着商业化这些技术,而当地政府官员可能在想为什么大学的初创企业没有创造出人们期待的惊人增长。与此同时,美国联邦政府要求提供关于政府对基础研究经费投入的真实投资回报率数据;校友们在询问更多的初创企业和他们的创新以便他们可以参与或吹嘘;学生们期望大学能够培训他们全面掌握快速成功所需的全部技能,以进入开放的创新世界。

由于你的大学并没有太多的研究技术在市场上取得决定性的胜利,你的技术转让的收益很低。也许最新提出的针对技术转让办公室的解决方案可以改善这个问题,也许可以催生出世界上下一个伟大初创企业的一流技术马上就会出现。无论哪种情况,你的教师们总是会提醒你,有一个目标是最重要的:持续获得研究经费。

你所面临的上述这个奇异世界是脱离创新现实的,两者之间存在着至少一个维度的差别。令人鼓舞的一点是,在这种环境下人们仍然努力完成一些有用的事情，尽管这可能不是最优的结果。进一步仔细观察你会发现，这种情况已经变得脱离创新实际很远，因此需要重新思考大学的角色，以便更一致和有效地为真正的创新做出贡献。

今天的大多数大学会筹集所有能够说服政府资助其研究想法的科研经费。这本身就会微妙地扭曲双方的关系，将研究型大学从提供关键科研服务的机构转变为寻求支持其最新项目的特殊利益集团。由于缺乏前瞻性的企业研究实验室，也缺乏与真正的市场需求和实施现实之间的良好联系，今天的基础科学研究是在一个缺乏来自真实应用世界反馈的"政府—大学"循环中生成的。在这种模式下，大学所产生的科学知识是随意的，而不是应用领域所需要的且可行的关键基础科学知识。因此，迭代创新过程无法仅仅依靠大学来完成，这种局面也就不足为奇了。目前，没有合适的机制来指导解决以下至关重要的问题：研究人员应该研究什么才是最有用的。在当前的体系下，大学研究有可能会在没有实用成果的道路上走很远，因为没有现实核查的机制。事实上，迭代创新过程可以起到持续的迭代现实核查作用，因此可以引导研究朝着真正能够产生颠覆性创新的方向发展，如果它没有朝该方向前进，那么就停止该研究。

为了说明"颠覆性创新研究"和"随机科学研究"的区别（前者使用早期迭代创新过程来确定正确的研究问题，而后者则根据可获得的科研经费来确定研究问题），让我们直接比较一下在AT&T贝尔实验室和在大学环境里一个特定的研究课题是如何演进的。

这个案例显示，在过滤创新概念方面，贝尔实验室比大学有效得多。这个案例是关于这两种环境对碳基新材料的科研进展的应对。那个时候的贝尔实验室事实上成为美国基础研究中心，在其所谓的"封闭创新"环境中，一种被称为"巴基球"（Buckyball，又称"足球烯"）的笼状碳分子结构让科学家们着迷，吸引了他们的关注。与其他新的热门领域一样，贝尔实验室内形成了一个对这个领域感兴趣的小组，并开始为该领域的研究做出贡献。最初阶段因为所知甚少，很多努力都花在理解这个科学技术上。但很快便确立了以研究这一材料功能特性作为重点的方向。为什么？因为只有了解功能特性，才能启动创新迭代过程。只有知道了该材料与其他材料的区别，才能开始思考它在现实应用中的实用性。因此，贝尔实验室以最快的速度开始了迭代创新过程。

经过三四年的迭代过程，并在考虑了所有因素之后，大家认为迭代过程不太可能收敛成为一个真正的创新。虽然这种材料非常有趣，但进一步投资该研究的意义不大，因此这个研究小组被要求转向了其他具有更大潜力的研究领域。今天，几十年过去了，市场上没有任何利用"巴基球"材料的重大创新。

这整个过程都发生在 AT&T 公司内部。类似过程也发生在其他公司的企业研究实验室内。科学层面的信息与外界进行了分享，因此创新生态体系中的其他利益相关者也能确定该研究领域的潜力。当时的贝尔实验室是早期阶段颠覆性创新迭代非常理想的研究环境。当一个创新机会从贝尔实验室出现时，任何希望跟进后续迭代的人，无论是 AT&T 的内部人还是外部人，了解到贝尔实验室已经进行了认真的"颠覆性创新研究"，都可以进行风险评估。这个创新过程的第一部分已由一个有能力估算实际价值前景且值得信赖的机构完成。

当贝尔实验室对"巴基球"进行了短短几年的研究并得出创新收敛不太可能发生的结论时，非常类似的碳分子结构科研兴趣也出现在大学环境中（当时是 1990 年代），而且这一兴趣一直持续到今天。另一种称为"碳纳米管"的碳分子结构成了热点。纳米管的结构在某些方面与"巴基球"非常相似［它们都被称为"富勒烯"（fullerenes）］，但形状是圆柱形的。很快地，大批学术研究人员画出了他们能够想象到的可以把碳纳米管嵌入到的几乎所有的应用。他们说服许多政府资助机构，因为这一领域非常热门而且有许多可能的应用领域，因此需要大量的科研经费支持。很多大学参与进来，获得了大量的研究经费，大家在同步进行碳纳米管的研究。

一份2010年的文献检索研究显示，关于纳米碳管的文献已超过5万篇，在此之前的十年间几乎每一次科学会议上都充满了这一科研领域的随机科学知识。更令人惊讶的是，在此之前的18年中，关于碳纳米管的出版文献数量每年都在显著增加，到2009年年底时仍未到达最高点。学术期刊和科学期刊已经适应了这个新的开放式创新时代，已成为科学界的通俗"人民杂志"，发布着有关碳纳米管的最新风尚和科普卡通，激发着人们对碳纳米管的想象力：它们的时代即将到来！外界的人们没有能力去区分这种"即将到来的碳纳米管时代"，和之前由经验丰富的机构（如贝尔实验室）通过正确执行早期颠覆性创新迭代将其过滤掉的时期。

此外，人们也创立了许多基于碳纳米管技术的初创公司，风险投资模式迫使它们去追求商业化道路，但他们慢慢意识到这可能是一个早该被淘汰的差主意。尽管进行了18年的研究，截至本书写作时的2010年，碳纳米管仍未在任何产品中实现显著的商业化。在没有进行适当的创新迭代的情况下，大量的经费投在了碳纳米管。碳纳米管的未来很可能与"巴基球"相同：从人类好奇心的角度来看这是非常有趣的，但其在已知的市场应用中不具备优势。

请注意，上述两种生态系统都产生了关于新型碳材料的基础知识，这些知识在未来可能会被用于各种创新中，但这里的关键词是"可能"。搞清楚这些材料并把它们不同寻常的特性适当地记录下来（例如在论文或专利中）当然是有价值的，而且这些材料有许多不同寻常的特性。但是，随机的科学研究在促成真正的迭代创新方面上的效率是非常低的，需要很长时间的随机科学研究之后才有可能开始真正的创新迭代过程。在此之前已经花费了大笔的研究经费，而且常常有初创公司创立然后过早地失败。作为对比，"颠覆性创新研究"的研究者从一开始就采用真实创新要素作为衡量标准，因此其目的与一个围绕着科研经费机会或好奇心或自我兴趣选择研究问题的研究者有很大不同。

我们并不是说那些为了增加知识而进行的但与应用领域尚无直接关系的研究，或者在看起来极不可能有用的情况下继续进行的研究没有价值。这类研究属于另外一类科研经费资助的研究，类似于艺术。这些努力的成果，无论是科研发现还是艺术作品,其本身都是有用的,有价值的,尽管其理由各不相同。不过在本书中,我们需要将这种类型的研究与颠覆性创新研究分开来,因为两者的资金投入模式和投资目标不同。因此政府资助机构可以分两种类别进行投资:以经济增长为最终目标的"颠覆性创新研究"(这种类型的研究政府应该大量支持,因为这也是公众期望的),以及以增加社会感兴趣领域的知识为目的,但可能与经济增长无关的研究(这种类型可以很少)。尽管很难量化,但我们的经验表明,这里存在很大的不一致:大多数社会人士认为,政府所资助的研究将促进创新和经济增长,但事实上大学里大多数研究活动却更接近于随机的研究类型。

颠覆性创新研究在大多数大学中很难启动,因为它需要具备一些真实的市场要素和实施要素知识。在以技术为导向的大学中,有一些教职员工为了追求颠覆性创新研究,花费了大量的时间与大学之外的市场要素和实施要素进行互动,但这一比例通常很小,而且取决于个人的主动性。由于大学和外部世界之间的互动存在着本质上的隔阂,因此追求市场要素和实施要素知识的个人通常在学术上不会得到奖励。很多教授对颠覆性创新研究的兴趣常常源于他们早年在企业研究实验室中的职业生涯,而现在这些企业研究实验室已消失,因此是美国过去创新生态系统的遗产,这虽然不是不可再生的资源,但其再生很困难。鼓励更多的颠覆性创新研究而不是"随机科学研究"的一个主要挑战是在大学和政府机构的领导岗位上缺乏真正的创新者。但是,纠正这种不平衡是修复我们创新体系的关键之一。

为了阐明这个挑战,让我们假设有一位研究型大学的新助理教授今天入职。现在已经不复存在的企业研究实验室不再是人才的来源,因此今天大多数助理教授是新手,要么是从大学毕业后直接被雇用的,要么是在其他学术机构做过几年的博士后研究后被聘用的。这位新助理教授可能对技术商业化有兴趣,甚至梦想着创立一家公司,但他如何进行迭代创新呢?他如何聚焦到什么样的真正创新研究问题上呢?由于他缺乏在市场要素或实施要素方面的实际经验,他不知道如何在早期有效地排除非创新路径的研究。

这位年轻的助理教授还有另外一个紧迫的问题需要去关心。为了获得学术终身教职,他需要积累大量的研究论文,并且他获得研究经费的能力也成为评估标准。他只有找到一个"引人注目的研究领域"并获得科研经费支持才能生存下来。只有实现了这些目标,他才能获得更大的机会留在大学里并获得晋升。在过去主要是由企业研究实验室里的迭代创新过程来定义什么是"引人注目的研究领域"。但在今天,"引人注目的研究领域"是由许多具有类似目标的教授,以及被要求分配基础研究资金的政府官员,通过自发汇聚的方式协同创建的。通过这种方式已经创建了很多长期运行的科研项目,政府给予的科研经费数额高达数千万美元;如果进行技术要素—市场要素—实施要素的迭代,这些项目在初期的简单迭代过程中就应该被淘汰掉。这个问题的一个标志是,许多研究领域产生的成果后来遇到了非常高的市场要素和实施要素方面的阻碍。这些巨大的不兼容性问题本可以从一开始就可获知,然而原本可以用于揭示这些问题的迭代流程已被描绘科幻故事的卡通和漫画草图所取代,这些草图没有受到同行评议经费分配机制的质疑,而具备基础研究技能和市场要素及实施要素经验的企业研究实验室的研究人员现在大多已不再在经费分配机制中,无法再像过去那样起到制衡的作用。

就其研究使命而言,大学应该怎么做呢?大学该如何完成其科研使命?大学面临两种选择:一种是像现在这样,聚焦在或多或少自发开展的随机科学研究;另一种是专注于创新和创新过程,即积极变革并参与到我们新的创新体系的构建中去。请注意,即使在保留今天的大学学科部门结构的前提下,后一个目标也是有潜力实现的。一旦做出这一选择,后面应该如何启动体系转型并向选择的方向前进呢?

我们认为没有简单的答案,需要多种方法结合在一起才能启动体系转型。一个不错的起点是我们前面阐述的迭代创新过程所需的三个主要"营养素"。概括来说,包括以下要求:

- 技能熟练的创新人才;
- 合适的创新投资资金;
- 允许创新者专注于迭代创新过程的环境。

我们上面讲到,聘用已经历过创新训练的新的助理教授不再是一个可行的选项,因为今天已没有这类人才的储备。然而,美国大学对终身聘用制度具有一定的控制权。我们并不需要对该制度和流程本身进行颠覆性改变,改变其中某些标准和权重就会产生非常显著的效果。首先,可以在招聘新教师时将是否有从事"颠覆性创新研究"愿望和意图,以及积极从实践中学习的意愿作为主要指标。例如,一位从事颠覆性创新研究职位的应聘者应该表现出对与市场要素和实施要素互动的适当兴趣。大多数大学都有一些具有成功创新业绩的教授,他们可以更多地参与评估申请者成为一名创新者的意愿和潜力。他们也可以在终身教职过程中担任年轻教师的导师,帮助他们获得市场要素和实施要素的技能。同时应该奖励教师们的创新技能建设,比如与产业界进行有意义的互动等。在终身教职评估标准中应该包括将市场要素和实践要素知识应用于研究问题所取得的进展。降低随机性科学研究所发表的学术期刊论文的权重,增加真正的创新过程进展的权重,无论是否有学术期刊文章发表。这些都将极大地有助于纠正目前的不平衡。

此外,新教师的聘用要求中可以增加在市场要素或实施要素方面的企业工作经验,而非目前要求的学术连续性。一个在博士期间科研成绩突出并具有数年非研究型产业工作经验的应聘人,真的会比通过随机性科学研究发表了很多学术论文的同年龄博士后差吗?我们相信大学在教师人事制度方面可以做很多事情,从而把激励标准往促进更多创新人才产生的方向调整。

对于大学来说,改变研究经费投入方向更为困难,因为大学在这方面的直接影响力比较小。总体而言大学主要有三类经费来源:政府、企业和自筹资金,后者主要来自捐赠。我们将在后面小节(政府)中讨论如何引导政府把经费投向更颠覆性创新研究的方法。来自企业的科研资金当然是有益的，因为它会同时带来我们急需的市场要素和实践要素的背景知识，但是单个企业通常无法承担跨越"3~10年跨度的创新鸿沟"的研究投资。另一方面，如果大学完全跨越了这个创新鸿沟，而只是吸收企业的短期资金用于外包开发工作，这反而会弄巧成拙。这样的策略是危险和低效的，与通过凭空想象的思路去申请研究经费一样低效。我们有一种更有前途的企业研究经费的策略，尽管这一策略通常是亚稳态的并且不容易维持。

这种策略可以是由政府部分资助的企业—大学联盟，其余的研究经费由企业投入。企业—大学联盟可以承担最终会产生颠覆性创新的、时间跨度更长远的研究，并带来市场要素和实施要素方面的知识。一个相当成功的例子是由美国半导体研究联盟（SRC）创建的MARCO联盟计划。该计划资助那些预期对半导体行业的未来发展有价值且范围很广泛的研究项目，并由大学承担研究工作。多个顶尖大学参与其中，企业代表对大学研究提供行业指导，通常是通过定期会议和定期项目评审的方式。原则上，这样的联盟可以很好地创造一个有利于早期阶段颠覆性创新迭代的环境。但这里需要注意的是，大多数这类计划都是在摩尔定律引领的信息时代范式下创建的，它们依然在搭乘该范式的尾潮。这意味着，与这些颠覆性创新迭代相关的市场要素和实施要素仍然是信息时代范式的市场、商业模式、生产方式等。因此，在一个产业正处于一个范式的鼎盛期时这种方式是最佳的，但当该范式即将结束时这种方式会变得困难。

但更重要的是，市场力量往往会与联盟的努力对着干。当一项新的颠覆性创新在联盟的资助下成功地跨越了创新鸿沟，并达到了企业愿意直接投资的程度时，每个公司都会为了自身利益设法独占这一颠覆性创新，而不愿与联盟中的其他成员企业分享成果。尽管只靠大学目前不太可能跨越整个创新鸿沟，但企业成员认为在企业－大学联盟项目中这是可能的，否则他们就不会参与联盟了。如果这种认识受到动摇，或者市场竞争的力量变得强大，那么联盟将分崩离析。这也是为什么如果不是处于一个范式的繁荣阶段，这类联盟倾向于不稳定。

从理论上讲，"颠覆性创新研究"的另一个经费资助来源将是大学的自筹资金。除金融危机期间的资金减少之外，大学的捐赠基金通常是显著增长的，捐赠基金的利息通常用作美国大学的年度运营预算，其在大学研究总经费中所占的比例越来越大。因此捐赠基金成为大学的独立基金。在这种情况下，捐赠基金的经费投入将能够主导大学的研究和教育方向，从而让政府的经费成为次要角色。经费上越独立，大学就越容易执行有利于迭代创新的政策和实践。不过，由于大学里要做的事情非常广泛，要将所有的兴趣都集中到"颠覆性创新研究"绝非易事。

最后，让我们考虑第三个创新营养素：让创新者专注于迭代创新过程的创新环境。一个有利于早期阶段创新迭代的良好环境应由什么组成呢？我们前面讨论过，迭代创新的交易壁垒越低，越有利于创新。在降低知识和技术交易壁垒方面大学做得非常出色，并通过大学图书馆和类似基础设施为大众提供最好的知识资源。大学在鼓励和保护个人自由方面也做得非常出色。这些对研究来说非常重要的环境方面的因素在过去已经得到了优化，对今天的颠覆性创新研究来说这些因素也是必要的。实际上，对于处于"3~10年跨度的创新鸿沟"中的创新迭代来说，它们也是必不可少的，这也是大学在推进已超出科研经费资助之外的创新也能发挥重要的环境与基础系统支持作用的原因。

但是，在上述良好的技术要素之上产生阴影的是缺乏真正的市场要素和实施要素方面的知识；没有它，迭代创新和"颠覆性创新研究"就无法顺利进行。如前所述，大学与外部世界进行交流方面存在着很高的组织性壁垒，目前这一壁垒只是靠个别教授主动在克服。

大学：教育使命

当前美国熟练创新者的缺乏，以及在培养下一代创新者方面的不足，将是建设全新创新体系的制约因素。我们需要在"创新生产线"上的每个阶段都有训练有素的创新者，以执行迭代创新过程以及对迭代创新进行投资。我们需要他们在大学里从事颠覆性创新研究，需要他们在创新鸿沟中通过技术要素、市场要素和实施要素进行持续不断的创新并为其企业的生存而奋斗，需要他们在公司中进行内部创新并与外部其他创新者进行合作，需要他们创办新公司，我们也需要他们在政府中代表社会对创新进行专业的投资，我们需要他们在 SBIR 和国防部等美国政府项目和经费机构中帮助创新更好地跨越"死亡之谷"，我们需要他们在大企业的 CTO、CEO 等高管职位上对企业的有机高速增长进行投资，我们需要他们在自由市场中成为投资于未来独角兽超速增长公司的冠军投资人。那么，大学在培养下一代创新者方面可以扮演什么角色呢？

教育机构仅仅传授知识是不够的，更应该给学生提供自我发展的机会，这一教育智慧对创新教育来说更是真理。传统的教育模式依赖于设计好的课堂讲解、教科书、练习题以及案例研究的组合，但这种模式无法培养出对创新和其他跨领域实践有深刻理解的学生。由于不再满足今天的市场需求，这种传统教育模式很可能会被摒弃，并且容易被更简单、更低成本的现代电子通信技术逐渐取代；但也同样有可能一些大学因为不具备足够的创新能力无法摆脱这种传统的教育模式。但是，通过本书提出的为创新教育需求量身定制的多阶段互动方法，大学可以成为加速建设全新创新体系的强大催化剂。

正如我们从 20 世纪那些前瞻性的企业研究实验室里成功培养出许多优秀创新者这一事实中所看到的，培育创新者的唯一真正有效的方法是在实际的创新过程中由有经验者进行指导。在本书第三章的讨论中我们得出的核心创新技能是（a）很强的跨领域学习能力，（b）高效准确的抽象能力，（c）能够在从高处鸟瞰各部分连接关系和从底层细节确保事实的正确之间进行快速切换的能力，以及（d）在面对多种不确定性时做出高质量决策的能力。通过从实践经验学习，通过从执行迭代创新过程的失败和成功中学习，是获得这些跨越技术要素、市场要素和实施要素领域的复杂技能的唯一途径。

请注意，正是由于这些失败及其后续的纠正，最好是大量非常小的失败，使得迭代创新过程最终能够得以收敛。在细节上保持高度的自我批评，同时保持总体上的信心和韧性，是使失败—纠正循环进行多次快速且高效迭代的关键。

年轻的创新者在经历第一次迭代创新时在心理上是非常具有挑战性的，他们会遇到许多近乎绝望的时刻，而此时前进的道路非常不明朗（作为补偿，当最终道路变得明朗时感觉会很棒）。此时经验丰富的创新者作为导师可以发挥至关重要的作用：给予年轻创新者信心，建议采用不同的方法或寻找不同的地方，提供给年轻创新者一些他们尚未掌握的补充信息。此时导师可能也还不知道具体的答案，但基于过去多次经验的积累，导师知道方法总是会有的，这给予年轻创新者以信心和保障。经过这些指导，优秀的年轻创新者最终成功地积累起足够的相关经验，建立了自信心，掌握了创新技能，从而在迭代创新过程中能够自给自足。

在大学教育期间至少需要提供部分创新指导。但在探讨如何解决这个问题之前，我们想强调一下过去的前瞻性企业研究实验室具备但我们今天已失去的另一个重要功能。在过去，渴望成为创新者的大学毕业生有地方可去。在大学里接受了基础研究培训但很少接触创新的学生可以去企业研究实

第八章 创建全新的创新体系：研究和教育侧

验室，他们知道那时的企业研究实验室有一个创新支持体系可以期待。但今天，渴望创新的学生在毕业之前和毕业之后面临的情况都糟糕得多。在大学里，参与到由脱离现实的大学—政府循环产生的研究项目的学生对什么是研究、创新和科学生产力等问题产生了扭曲和错误的认识。他们学会了筹集政府资金的自我组装游戏，并以不重要的里程碑式事件来完成后续的研究合同。在这样的过程中，大学培养出来的下一代教授们是具备高效协调能力的特殊利益群体。但是，那些明白这一点但并不想朝着这样的教授职业发展的毕业生怎么办？他们应该去哪里？这对于想致力于创新的博士生来说是一个最重要但尚未解答的问题。

我们在前面小节"创新者个体"中概述了一条艰难但可行的道路。让我们从以下假设开始：假设我们的年轻创新者至少已经想清楚了成为创新者是她决心要做的事情，并有信心可以做得很好。但是，如果她从未接触过真正的创新过程，她如何知道应该怎么做？她所听到的都是在美国经济泡沫期间发生的创业故事时，她如何知道她需要通过技术要素、市场要素和实施要素进行迭代？在前面"创新者个体"小节中我们描述的自我负责的路径是可行的，并且对于有能力在这条路径上成功的创新者来说将会获得很大的经济回报。但由于今天的年轻创新者没有相关准备，基本上一切都需要他们自己来做，他们肯定会面临巨大障碍。我们如何解决这一严重脱节问题呢？

由于美国目前缺乏能够有效地帮助教学并最终指导我们下一代创新的训练有素的创新者，因此我们值得去思考在这种资源受限的情况下美国创新教育体系可能会是什么样子。我们需要认识到并非每个人都能成为创新者。人才有许多不同的形式和种类，他们各有各的兴趣。虽然我们已经深入了解了有关创新者和创新人才的共同特征，但唯一确定的也是最好的方式是让人才直接参与到颠覆性创新或中等程度的创新迭代过程，让他们在过程中进行自我筛选。真实的创新过程是什么感觉？在迭代创新过程中面对多重性、非线性和不确定性时，学生会感到不舒服或者很兴奋。这是很自然的，因为人们对于"超越常规"有不同的舒适水平，他们也有他们喜欢或擅长的不同类型的"超越常规"的思维方式。一个有创意的设计工程师可能在一方面很擅长，但不关心其他方面；一个技能熟练的谈判者或经理也是如此。然而，成为一个创新者意味着要选择一个"常规"之外的生活，而并不仅仅是在其中一个方面超越常规。正如我们已看到的，迭代创新要求创新者能够自我驱动，在任何有创新需求和机会的情况下,都能够持续地主动"跳出常规",不论以什么方式,否则就不可能降低风险。虽然在学生初次接触创新迭代时,我们有必要谨慎行事,要避免让学生承受过多,但我们不要掩盖学生需要永久地面对不确定性这一事实,因为这是学生最重要的自我筛选标准之一。那么,创新教育体系应该是什么样子的呢?角度之一是将其视为自我选择和自我激励的金字塔形结构。在金字塔上每上升一层,学生需要增加的投入更多一些,但同时也会获得更专注的创新指导。这种方式也更能适应前面提到的创新导师短缺问题。为了更详细地讨论,让我们考虑下面四种不同程度的教育培训项目:普及教育、课堂项目、创新项目和颠覆性创新研究项目。

普及教育:对迭代创新过程的真实情况进行普及教育,这可以采取与过去数十年的创业教育类似的形式。当今美国已把创业教育纳入许多学科的课程和教学计划中,并通过研讨会、学生俱乐部、庆祝活动等方式在校园内成功传播开来。不幸的是,由于过去泡沫经济时期美国投资领域的激励机制过度强调那些不需要真正创新的创业,以至于给学生留下了错误的观点,认为他们听到的泡沫经济时期的创业成功故事可以教会他们所需要学习的全部。纠正这个错误的观点非常重要,而且当今美国校园内的创业培育网络通常都具有很广泛的影响力，因此通过这条路径向广大的学生听众介绍迭代创新的概念，并将创新这一经济增长的真正驱动力与创业这两者之间做出更好的平衡，这是非常有意义的。如果我们能够像在美国泡沫经济时期让学生对创业教育产生热情那样，通过以上教育激发学生对迭代创新价值的真实认可，我们就是为我们全新的创新体系打下了良好的基础。

无论学生毕业后从事什么工作，向尽可能多的学生普及迭代创新的知识和价值都是有意义的，因为一个健康的创新体系是我们所有福祉的根源，社会的利益与支持建设我们新的创新体系是天然的利益共同体。公共的支持可以帮助我们更好地完成未来的艰巨任务。了解迭代创新过程、执行该过程的内容以及为新创新体系做出贡献的利益相关者角色，可以避免不切实际的期望并促进对机遇的沟通。我们认为每个人都可以在某种程度上为建设我们的新创新体系做出贡献，比如像第三章中的餐厅老板那样做出渐进式创新，或者作为会计师、律师或政府官员等专业人员与创新体系进行互动，或者鼓励隔壁的孩子去追求创造改变世界的"下一个新事物"。

课堂项目：在大学课堂上的创新项目，可以为学生提供首次迭代创新经历的亲身体验和感觉，并确定他们与创新的适应程度。当前已经有许多美国大学开设了让学生为真实"客户"完成创新项目的课程。这些课程项目的范围往往受到学术条件的限制，例如需要在一个学期内完成。尽管如此，在这些限制范围内设置良好的课程项目还是可以为学生的决策提供一个坚实的基础的。根据我们的经验，为了获得真正的创新学习，学生至少需要：

- 在技术要素、市场要素和实施要素这三个方面都有显著不确定性的前提下，完成一次涉及三方面的完整迭代过程——不仅仅只是在技术要素领域进行迭代，像现在很多聚焦在学生团队做成某样东西的技术项目那样；
- 同时在技术维度和商业维度上进行定量分析；
- 至少一个学期的时间，以达到足够的深度。

在学生推进项目的过程中，经验丰富的创新者教导他们使用量化评估的工具，并定期对他们的表现做出批评和反馈。尽管教学内容有限，但这样的课堂项目仍可以帮助学生弄清楚他们是否适合迭代创新以及他们是否应该迈出下一步。

在下面两个教育项目中，创新的培训需要嵌入100%完整和真实的创新过程中才能完成。

创新项目：这是在"3~10年时间跨度的创新鸿沟"中执行迭代创新的项目。

颠覆性创新研究项目：这是博士生研究课题的项目，前提条件是该研究问题是经过技术要素、市场要素和实施要素的早期迭代后确定的，并且博士生得到了相应的指导。

后面这两种创新培训方式非常不同，但高度互补。从学生的角度来看，颠覆性创新研究项目始于通过早期创新迭代来选择和定义一个博士论文研究问题，或者由他导师定义，或者学生自己定义。由学生自己定义是很困难的，因为他没有研究经验无法定义前沿的研究问题，也没有市场要素和实施要素知识进行早期迭代。他还需要项目经费，有些经费可以通过学生研究奖学金项目获得资助。由于他初期大概率会依赖一位导师确定博士论文题目，因此他需要选择一位经验丰富的创新者作为导师。在颠覆性创新研究项目中，迭代周期往往很长，而且毫不奇怪大部分时间和经费可能都花在技术要素的研究上。此外，博士论文课题研究工作往往具有很强的个体性。这对培育他的研究能力有益，但他在市场要素和实施要素方面的历练会很短，常常通过导师的积极对接和指导间接获得。在读博士研究生的五年中，接近毕业时再改变课题方向是很难的。由于早期创新迭代的周期通常很长，他在技术要素、市场要素和实施要素之间的迭代经历是有限的，但他在自主处理不确定性方面的机会以及为尚未解决的技术要素问题寻找新方法的机会却是最大化的。

创新项目则提供了一种完全不同的体验迭代创新的方式。由来自多个互补的学科、具有创新天赋的学生和经验丰富的创新者组成团队，其中学生在学校课后的空闲时间来参加项目活动。团队成员由他们所属领域的教授和拥有技术要素、市场要素和实施要素知识的企业人员进行指导。经验丰富的创新者负责"创新项目"的质量和项目合作企业所期望得到的成果，以及对合作的专业化管理。学生可以自由地参与到项目中，发挥其最大能力，并确保团队始终保持在正确的轨道上，并得到支持。学生参与程度与创新培训的程度直接相关。除了学生必须始终将学术任务放在首位之外，没有对学生设置任何人为的限制。

基于他们的参与程度学生将相应地获得充分的指导，并且随着技能的提高他们在团队中决策权重也随之提高。不过，这里的创新项目的要求比前面"课堂项目"中的创新项目高得多、难得多。这些项目是正在实际进行中的真实创新，且正在获得来自企业的重大资源投入，将可能对一个行业的业务线产生重大影响。因为这些项目必须按照严格计划好的时间表交付世界领先水平的成果,这意味着其进度表是由创新过程设定的,而不是由学生设定的。技术要素、市场要素和实施要素中的不同方面往往会并行推进,专业深度会被迅速填补,有时会暂时超越学生能力。学生通过适当参与到为期一年的"创新项目"中,有机会"成长"并融入迭代创新过程中。最理想的情况是,他们先后经历以下所有阶段:(a)对即将面临的未知领域和陡峭的学习曲线感到有些困惑(从未有过与如此高水平的专家团队合作);(b)开阔眼界,认识到可以完成什么;(c)认识到决定何时、为何、如何通过团队协调进行学习的重要性;(d)跟上进度,提高有针对性地学习、抽象化、协调决策的技能;(e)获得迭代创新的信心,扩展到其他领域。

"颠覆性创新研究项目"和"创新项目"的创新培训很显然是不同的:前者的日常工作更强调研究,而后者的日常工作更强调创新迭代。"颠覆性创新研究项目"为学生提供了更多自己取得突破的机会,而"创新项目"则让学生能够在团队环境中成为全面迭代创新广度和深度的同时参与者。我们认为,从创新教育的角度来看这两种形式是互补的,两个项目的结合可以为大学提供足够的创新培训,使毕业生同时拥有足够的信心和初步技能去开启自己的创新道路,并在追求自己创新想法的同时继续进行自主创新培训。希望他们将来也能参与指导其他创新人才,从而形成倍增效应以实现在新的"创新生产线"上的每个阶段尽快补充人才。

政府的角色

政府在建立新的创新体系并维持其未来发展的过程中发挥非常关键的作用:代表社会对颠覆性创新研究进行投资。在竞争性的市场中任何其他机构实体都无法以盈利的方式履行这一角色,但从社会角度来看该角色的有效发挥会对社会带来巨大的总体盈利。我们已经看到,由于在今天的大学和政府循环中缺乏迭代创新,今天的大学研究趋向于随机的科学研究。在更详细地讨论政府的投资者角色之前,先简要谈谈政府在维护和支持创新环境和培训创新者方面的角色。

在自由市场侧,只有嵌入自由市场动态,迭代创新才能高效完成。我们在分析创新投资时也指出了,政府研究资金的投资回报是自由市场中各个参与者的回报总和,实际上这也是政府计算回报的唯一方法。此外,创新交易的门槛越低,对社会的回报就越高。通过回顾前面讨论的这些要点,可知维护自由市场动态对于创新效率是至关重要的,而政府对维护自由市场动态应该负有最终的责任。国家有许多法律在维护和支持自由市场动态,提高创新者和部分创新的流动性,并维持较低的交易门槛,例如专利法、公司法、劳动法、移民法等。在整个创新环境的全部流程内维护和优化我们创新环境的法律基础是政府非常重要的角色,因为它也会影响着投资对整个社会的回报。

在前面讨论创新人才在美国大学教育环境中接受的培育及毕业后的自主培训时,我们假定有足够多的经过培训且对创新有兴趣的人才可以担任创新导师,但事实上美国并没有足够的创新人才。那么美国有足够的工程师和科学家吗?我们认为美国工程师和科学家的数量目前不是一个制约因素。例如,在面对每年有数量惊人的工程师和科学家从中国的大学毕业时,有人担心美国没有跟上步伐。然而,美国科学家和工程师的平均薪水在过去的25年中仅仅翻了一番。考虑到同一时期的生活成本增加和通货膨胀,科学家和工程师的有效薪水可能增长很少,甚至根本没有增加。如果美国的经济增长是受限于工程师和科学家的人数而不是创新人才的人数,那么工程师和科学家的平均薪水应该飞涨。因此,我们的第一个任务应该是,通过让现有的科学家和工程师经历和积累技术要素—市场要素—实施要素经验的方式,从他们中培养出更多的创新人才。这一波创新人才将会创造出快速的经济增长，甚至可能会创造出一个未来会受限于工程师和科学家群体人数的经济增长。

当前，美国没有任何机构是被优化来开展10~15年周期的颠覆性创新的，在这种情况下我们如何才能挖掘出那些潜在创新人才呢？我们需要鼓励工程师和科学家在不同组织机构之间流动，以便逐步获得有关技术要素—市场要素—实施要素的更多知识。比如可以让大学研究人员定期去企业里访问足够长的时间，并让公司人员，最好是具有工程和科学背景的人员，去大学访问。每个人都会参与到创新项目中，而为培训潜在创新者选择的创新项目必须是那些具备技术要素—市场要素—实施要素三方面所有内容的项目，以使学习周期的效果最大化。政府可以制定经费项目以鼓励大学和公司人员的积极参与。将资源用于上述活动将有效地激励新的"创新生产线"的增长，会比基于当前模式盲目地增加科研经费的方式有效得多。

现在让我们回到政府作为创新投资者角色的问题。在那些处于快速增长期的新兴国家它们的大学为了帮助国家在经济上快速地上一个台阶，已经加大了它们的基础研究活动，这些基础研究主要由政府资助。这条路很合理，因为很难想象没有科学家和工程师的国家可以发展成为高科技经济体。然而，有些发展很快的国家盲目地加大对随机性的基础科学研究的经费投入，以至于它们正在赶上美国的体系。回顾历史，在20世纪上半叶美国创新体系拉长了政府经费所资助的研究项目的时间跨度，造就了一大批将基础科学与各个领域的产业概念相连接的实践工程师和科学家。由于当代的新兴国家大多数采纳的是当代的美国体系，而不是20世纪50年代的美国体系，其结果是形成了一个庞大的随机科学的全球知识库，任何人都可以通过互联网进行访问。虽然不断充实这个知识库很重要，但在这个全球供应过剩的"随机科学研究"中再增加一项随机研究的价值已接近于零。作为对比，一项根植于迭代创新过程中，并有目的地与其他技术要素、市场要素和实施要素相连接的颠覆性创新研究的价值是巨大的。

一个国家尝试将研究经费投入偏向于颠覆性创新研究而远离随机性研究是极其困难的。毕竟，进行随机性的科学研究通常要容易得多。当前的系统主要是根据书面的方案申请书来做出研究经费的投资决策，但是书面方案申请书并不能有效地揭示申请人的真实意图。例如，两份相同的申请书都表明想要影响特定的应用领域，都表达了创新的愿望，但是这两份申请书的作者可能有着非常不同的真实意图。这种困难并不令人意外。相对比，市场投资者采用不同的方法，他们不会只依赖书面的商业计划书。实际上，对个人进行尽职调查以及通过会议等方式来尝试确定他们的意图和性格对于最大化投资回报率至关重要。因为当前的国家科研经费没有采用这种方法，我们得出的结论是，美国当前的国家科研经费投资机制无法将研究投资转向颠覆性创新研究。

从过去我们能学到些什么？20世纪的颠覆性创新研究主要是在那时的企业研究实验室里进行的，同时我们知道那个年代的政府对大学研究的投资也更加注重创新。在第六章（美国创新体系）中，我们讨论了当时的美国政府是如何通过密切观察来自企业研究实验室的研究信息以及不同企业研究实验室之间的交流信息，以决定需要对哪些研究进行投资。我们如果将组织机构因素从中剔除，就可以看到那个时期美国政府的研究经费项目投资者实际上是在跟踪各种迭代创新过程。由于政府无法完全透明地了解企业研究实验室内发生的创新过程，因此政府必须观察它们的"信号"。这个过程是可靠的，因为政府知道这些信号的来源是可靠的。值得注意的是，当时的企业研究实验室实际上并没有在政府—大学经费循环中发挥积极作用——它们主要是提供了来自迭代创新过程的信息。如果用化学术语进行类比，来自企业研究实验室的迭代创新过程的信息是整个政府—大学"化学反应"中的"催化剂"。将以上这些投射到今天的环境中，有两个观点似乎变得很明显。首先，改变某些激励政策，比如要求研究人员提供那些实际上无法获知的创新指标，或者改变一些科研经费的行政机制，是不太可能显著地改变政府和大学这两个庞大官僚机构之间的动态的。用化学类比来说，这就像仅仅对化学反应温度进行了一个微调，却期望反应性质会改变一样。其次，类似于"创新界面"这样的新兴机构通过提供迭代创新过程的信息，可能具备充当催化剂的能力，能够帮助将研究投资集中到颠覆性创新研究上。

当创新过程无法收敛时，如果将迭代创新过程纳入研究经费投资决策过程中，并且采用快速失败迭代机制，将可以节省投资总额——回想一下我们前面描述的巴克球和碳纳米管的例子。同时在创新过程无法很好地执行时也能提前揭示有价值的信息。生物制药领域就是这样一个有趣的例子。随着美国主要制药公司的小分子药物研发的经济效益变得低效，早期的生物技术制药公司，如1975年成立的Genentech公司提出了通过使用新技术来提高药物研发产出和药物效率的"全新创新路径"愿景。

第八章 创建全新的创新体系：研究和教育侧

有趣的是，很多生物制药公司发现在公司尚未盈利之前就可以上市。经过30年的发展，加里·皮萨诺（Gary Pisano）在2006年出版的《科学商业：生物技术的承诺、现实和未来》(*Science Business: The Promise, the Reality and the Future of Biotech*)一书中显示，这些生物制药公司事实上并没有能够提高药物研发产出或药物效率。从迭代创新过程的角度来看，这并不奇怪。首先，市场要素的目标基本上是固定的：为一种健康状况开发一种药物（这里不考虑超出药物说明之外的应用、药物配方改良等）。其次，在实施要素方面几乎不存在不确定性，因为业务模式基本上也是行业惯例：由保险公司报销药物费用，医疗从业者开具处方，临床试验系统确保新产品的安全性和有效性，并且在药物制造、知识产权保护等其他事项也基本上是固定的。因此，几乎没有任何重要的反馈可以通过所有要素的迭代创新来影响技术要素。在技术要素方面，人类还没有能力制造出人体，对其了解还非常有限，因此我们的安全性和有效性的预测能力很差。今天我们已经清楚药物开发一直是一种"科学发现的研究"，其主要研究方法是试错而非由迭代创新过程所主导的"颠覆性创新研究"。在某种意义上，该领域的研究非常接近真正的"线性创新模式"（漏斗模型），其低效率反映了线性创新模式的低效性。之前这些虚假的生物制药"创新"故事只是将药物开发研究的成本从大型制药公司转嫁到新上市生物制药IPO公司的股东，以及在泡沫年代浪潮中资助大学研究的政府身上。

在历史上，政府作为客户时对颠覆性创新研究的投资是最成功的，这在今天依然如此。这种情况下，政府作为客户提供了市场要素和上市要素的背景，同时它也是迭代创新过程的背后推动力，因为它想获得真正的成果。另一个成功因素是，当政府同时作为客户和投资者时，政府具备能力对迭代创新进行持续投资，并且一直延伸到创新鸿沟之中。我们前面讨论过美国政府的SBIR项目和政府作为客户兼投资者的资金在跨越"死亡之谷"中的重要作用，并且也讲述了美国国防部在半导体产业诞生过程中扮演的客户兼投资者角色的历史案例。

通过采用更有效的客户兼投资者投资模式，政府可以在商业市场和政府市场重叠的领域提高其研究项目投资效率。但是，政府因素可能会导致市场要素扭曲，这点必须事先进行批判性评估，因为这些扭曲可能使创新以不同的方式收敛或使其依赖于持续的政府对创新的需求，取决于政府意图这可能可以容忍也可能无法容忍。如果创新确实有商业市场和

第八章 创建全新的创新体系：研究和教育侧

政府市场的双重应用，那么政府可以在不扭曲创新结果的情况下进行投资，并充分利用作为客户兼投资者角色的效率，也可以增加 SBIR 资金的额度。美国国防部在半导体产业诞生时扮演的历史角色就是一个典型的真正双重市场应用的案例：因为政府市场对电子系统的市场要素和技术要素需求与商业市场的需求相同（都需要高速、低功耗、高功率效率的电子系统），因此迭代创新没有发生扭曲。不过，在成本不是政府采购的制约因素的情况下，并不能保证存在双重市场应用。在这种情况中，政府是真正客户，无论它是否具有双重市场用途的好处，它都需要这些产品的功能。幸运的是，即使在这种情况下，在商业市场中仍然可以找到一些协同增效作用。需要注意的是，对半导体和集成电路技术的投资是很少见的，大部分情况下政府需求与市场需求之间不具备这样的协同效应。如果从政府作为客户兼投资人的投资活动中产生的创新与商业市场没有任何重叠，那么就不会创造任何市场经济的增长。当然，我们无法事先预测双重市场应用的潜在范围。

为了深入探讨在双重市场应用情况尚不明朗且市场要素可能产生扭曲时的前期考量，我们接下来将以能源领域作为具体实例进行说明。需要强调的是，这里的讨论旨在为政府的客户兼投资者角色做进一步的说明。我们说明的动态既适用于能源领域也适用于其他领域。由于政府管理的社会基础设施所消耗的能源量是相当大的，因此原则上会存在足够大的双重市场重叠，这使得政府作为客户兼投资者的模式能够发挥作用。然而，市场扭曲可能难以避免。例如，一些国家的政府对太阳能技术已经支持了三四十年时间，尤其是德国和日本长期对个人住宅的太阳能电池市场进行补贴，也就是对太阳能技术公司进行扶持。同时德国还长期给个人住宅的屋主提供改善房屋能效的激励补贴，这使得多个相关行业都受益，包括建筑行业、家电行业等。将影响房屋总能耗的所有因素集中起来的唯一途径是通过其所有者，因此许多政策就是补贴屋主的。但是，因为组件分散在各个行业，且房屋所有者对新型房屋节能系统的集成没有控制权，所以这种方式只能推动"新型房屋节能系统"中各个组件的渐进式创新。

但是设想一下，如果拿掉所有限制，并资助颠覆性创新，无论是改善旧房还是建设新房，使屋主有能力去利用新材料的优良性能、选用不同的空气流动管理方案、通过太阳能板的集成技术减少交直流转换器的用量、采用新的控制系统等，这时我们会有什么样的解决方案呢？而政府拥有非常多的公共建筑物，因此政府可以成为许多更加颠覆性创新的客户，并对必要的研究进行投资以推动颠覆性创新的产生。政府可能还有其他战略性目的，例如为了国家安全实现能源自给自足，这可能使政府作为一个客户愿意支付比私人客户更高的购买价格。十年以后是否会有足够大的双重市场应用使得相关的解决方案在商业市场上具有价格竞争力，这是我们现在无法预测的，但这可以由迭代创新过程来决定。整个"新型房屋节能系统"的中等程度的创新或者颠覆性创新在技术要素、市场要素和实施要素这三方面都有很多不确定性。如果政府能够作为客户，并且创新迭代能够收敛以满足其整体需求，那么创新就可以以跨越多个行业的复杂供应链（甚至包括系统试运行）进行迭代在市场中完成。但也有可能只是其中部分部件会找到双重市场应用，或者完全没有双重市场应用，那么创新就只是适用于政府的国家安全需求。也有可能创新迭代无法收敛，那么就应该放弃。

上述案例分析并非为了能源领域或房屋建筑，而是为了说明以下事实：政府直接向住宅屋主提供补贴的方式主要激励的是渐进式创新，并且可能导致重大的市场要素扭曲；而如果政府采取"客户兼投资者模式"进行"颠覆性研究投资"的话，且有双重市场应用的话，可以获得更为有效且市场扭曲更少的结果。

需要指出的是，个体创新者或创业者更关注微观经济层面的目标：其公司或其创新的成功，而不是整个国家的总增长。因此，即使市场要素和实施要素因为政府的因素而扭曲，创新者或创业者仍然可以从迭代创新过程中获益。例如，在政府补贴期间，成功的太阳能技术公司的创业者获得了30%的年增长率。因此，在政府提供补贴的环境中运营可以让创新者或创业者及其投资者获得巨大的收益。然而，政府应该认识到，这种依靠政策激励的产业不会产生净增长，除非因此获得成功的创新迭代因素能够影响到非补贴市场。例如，出于国家安全原因一个国家可以补贴太阳能创新，但这种创新只有依靠由此产生的市场要素扭曲才能得以维持。这个过程等同于政府将纳税人的税收再分配给太阳能创新者。这个过程与过去的半导体—个人计算机—信息技术范式的过程非常不同，在该范式中创新者直接从集成电路、个人计算机和软件的非政府消费者那里获得了经济回报，因此这些创新产生了真正的国家整体经济增长。

当前美国需要努力重构许多政策和项目，我们认识到国家的"随机科学研究"经费投资方式已经不足以修复美国的"创新生产线"。同样，美国的创新补贴政策模式也需要重构。基于迭代创新的内涵，任何组织，无论新旧，其创新或研究投资都应该与以下关键需求相一致：使个体获得技术要素—

市场要素—实施要素三方面的所有要素，以支持我们的长期目标：维持创新社会。

我们之所以这样说，是因为创新并不是由任何体系或政策创造的，而是人创造的，是你创造的。

致　谢

有多位影响和激励我们的朋友，在本书正文中也提到了他们。书中所阐述的关于研究和创新实践之间相关性的内容，大部分源于本书合著者尤金·菲茨杰拉德1988—1994年在AT&T贝尔实验室的工作经历；尤金感谢他在那里的所有同事，感谢与他们在这所有史以来最伟大的创新机构之一共同工作的机会。

2006年左右，尤金和安德烈亚斯·万克尔开始正式构思本书的核心概念，当时安德烈亚斯正在康奈尔大学创建名为"科技商业"的项目。该项目尝试实践关于企业—大学界面的新想法，其目的是学习并推进创新，我们感谢所有有远见支持该项目的人，包括康奈尔大学约翰逊管理学研究生院和工程学院。其中关键人物包括理查德·谢弗（Richard Schafer）、罗伯特·斯维林（Robert Swieringa）、肯特·福克斯（Kent Fuchs）、约瑟夫·托马斯（Joseph Thomas）、罗伯特·布尔曼（Robert Buhrman）、艾比·韦斯特维尔特（Abby Westervelt）、伊曼纽尔·贾内利斯（Emmanuel Giannelis）、兰迪·艾伦（Randy Allen）以及克里斯托弗·欧博（Christopher Ober）。为我们的想法提供启动经费的是康奈尔大学校友约翰·亚历山大（John Alexander）和伊莱恩·亚历山大（Elaine Alexander）夫妇、约翰·巴伦（John Balen）、杰夫·伯格（Jeff Berg）和黛布拉·佩吉特（Debra Paget）、杰森·霍格（Jason Hogg）和小罗伊·帕克（Roy Park, Jr.）。

尤因·马里恩·考夫曼基金会（Ewing Marion Kauffman Foundation）为我们的新想法提供了一个脑力激荡的共鸣场所。尤金很感谢莱萨·米切尔（Lesa Mitchell）将他带进这个丰沃的场所，并介绍给我们后来的合作者卡尔·施拉姆，他成为本书的第三位合著者。同时考夫曼基金会还出资支持了我们的企业—大学界面工作的扩展，这最终促使我们成立了一家非营利实体，"创新界面"（*www.innovationinterface.org*），来推动这项工作。盖伊·迪思克（Guy DiCicco）是"创新界面"的合作者，无论是在实践上还是在思想碰撞上他都是我们重要的合作伙伴。

麻省理工学院（MIT）自始至终都发挥着至关重要的作用。以麻省理工学院为核心，造就了一个充满活力的创新与新兴商业活动的生态体系。从1994年离开贝尔实验室加入麻省理工学院以来，尤金一直在这个生态体系中实践并积累第一手经验。尤金非常珍惜与马扬克·布尔萨拉（Mayank Bulsara）博士以及其他早期参与者一起创建 AmberWave 公司的那段时光。麻省理工学院一直是我们实践正式的创新教学的理想场所，而学校里的产业联络项目（Industrial Liaison Program）也是我们的重要合作伙伴。我们也感谢我们在麻省理工学院的创新教学中的合作伙伴阿恩·赫森布鲁克（Arne Hessenbruch）博士。新加坡—麻省理工学院联盟（Singapore-MIT Alliance）将我们的创新教学扩展到国际上，同时也拓宽了我们对创新和经济增长的国际视野。新加坡世界科学出版社（World Scientific Press of Singapore）在出版发行本书的过程中做了非常好的工作。

美国的独立编辑迈克·瓦戈（Mike Vargo）与我们共同审查和修改了本书英文版初稿。我们感谢他对本书做出的诸多修改完善。最重要的是，我们感谢当今世界上以各自的方式通过创新去改善人类社会的每一个人。